Emprende en Grande

Las 7 claves de los emprendedores de éxito

Patricia Díaz

Para quien día a día se despierta a construir la empresa de sus sueños.

Índice

Prólogo 7

Introducción... 9

Clave 1. Pasión 12

¿Por qué emprender? Recuerda qué encendió la llama

Clave 2. Valor.. 38

Los 4 actores a quienes servirá tu empresa

Clave 3. Liderazgo 74

Sé el líder de tu empresa no solo el dueño

Clave 4. Dinero 88

Toma el control de tus finanzas y las de tu negocio

Clave 5. Sistemas................................ 122

Tus clones existen, se llaman sistemas

Clave 6. Ventas 142

Acelera el gran motor de tu negocio

Clave 7. Tú 156

Invierte en ti, nunca dejes de crecer

Agradecimientos 166

Acerca de la autora 168

Prólogo

Reflexiones sobre el emprendimiento y el crecimiento de un negocio propio

Siempre he creído que emprender un negocio requiere de una valentía que no todos poseen. Emprender implica un "salto de fe", sumergirse en lo desconocido, pues una cosa es saber de "algo", tener una idea de "algo", y otra muy diferente es hacer ese "algo" o construir ese "algo". Implica habilidades y conocimientos que muchas veces desconocemos si los tenemos.

Esto toma más relevancia al entender que un negocio propio no sólo demanda esta valentía al emprenderlo, sino que la demanda permanentemente, pues un negocio es una entidad viva que crece y evoluciona y, por ende, nos exige habilidades y conocimientos diferentes en cada una de sus etapas de crecimiento.

Patricia Díaz posee esta valentía que no cualquiera tiene, es una emprendedora nata, siempre buscando mejores maneras de lograr que su negocio crezca y sea más productivo; siempre buscando maneras para dar más. Este desprendimiento la llevó a compartir su experiencia de crear un negocio a través de este libro.

"EMPRENDE EN GRANDE" aborda su travesía en la creación y crecimiento de un negocio de una manera ágil, simple y sin rebuscamientos. Iniciando con lo más fundamental que todo emprendedor debe tener: PASIÓN, y siguiendo por los otros dos elementos que cualquier LOGRO debe incluir: VOLUNTAD e INTELIGENCIA.

La PASIÓN es la que nos permite persistir y creer en nuestra idea de negocio a pesar de opiniones en contra. La VOLUNTAD nos ayuda a alcanzar la disciplina, la persistencia y la consistencia necesarias para permanecer en el negocio. Y por último, la INTELIGENCIA nos lleva a la creatividad, a la adaptación y a la sistematización necesaria para que nuestro negocio crezca.

De una manera muy simple y natural EMPRENDE EN GRANDE nos lleva de la mano por lo fundamental para iniciar y hacer crecer nuestro negocio.

Para quienes tenemos negocio, su lectura nos permite re-encontrar los motivos por los que nos decidimos a iniciar esta aventura, y nos recuerda lo esencial que debemos clarificar, cuidar y controlar para crecer.

Para quienes están decidiendo iniciar un negocio, es una guía que permite visionar lo que se requiere para arrancarlo, algo así como conocer con anticipación lo que necesitaremos a lo largo del trayecto.

No importa si estás iniciando, o si ya tienes un negocio, lo cierto es que EMPRENDE EN GRANDE te traerá ideas frescas y claras para que tu negocio sea un éxito.

- Braulio Cárdenas Cantú
  Saltillo, Coahuila, México

Introducción:

Cuando el negocio tenía tres años de haberse iniciado, mi rutina diaria iniciaba a las 4 o 5 de la mañana y terminaba cerca de la medianoche según las actividades que tenía programadas durante el día; combinaba tareas operativas y de control del negocio con el rol de ser esposa y mamá de 2 adorables pequeños de 5 y 7 años. Había días que la energía y en entusiasmo estaban presentes; pero también había días en los que no se dignaban a aparecer y en lugar de ellos, y sin ser invitados, aparecían el desánimo y el estrés.

Amaba poder combinar el rol de mamá con el de mujer profesional, generar ingresos, construir un negocio, crear fuentes de empleo, servir a los clientes y aprender teorías que aparecían en libros para luego aplicarlas en mi pequeñísimo imperio que en ese entonces abarcaba tres tiendas.

Pero por otra parte, era tan grande el esfuerzo aplicado para mantener la rueda del negocio girando, evitando se detuviera o cayera que el cansancio no dudaba en aparecer; y con él aparecían también el estrés si surgía algún imprevisto; el desánimo a la más mínima queja de algún cliente o empleado, frustración cuando a fin de mes me daba cuenta que las cuentas no salieron como esperaba, o una decepción tremenda cuando notaba que algún empleado había cometido algún acto deshonesto en perjuicio del negocio o sus compañeras.

Una mañana de esas en las que el estrés y el desánimo dominan, que no sabes si continuar o tirar la toalla y el cansancio y los problemas constantes hacen dudar si todo ese esfuerzo vale la pena; aparece de forma mágica quien fuera mi primer mentor, quien me ayudó a pasar de la situación de largas jornadas de trabajo con resultados escasos a trabajar ordenadamente, enfocada en puntos específicos que me ayudaran a sentar las bases para continuar con mi emprendimiento, crecer como líder y por ende, hacer crecer mi empresa.

Si tienes una pequeña empresa, quizá te identifiques con la situación que te describí líneas atrás y en alguna o varias ocasiones hayas caído en la desesperación que provoca estar inmerso en largas jornadas de trabajo, haciendo malabares para que la rueda del negocio continúe en movimiento y con la sensación de que los resultados tardan demasiado en llegar.

Este libro está hecho para apoyar a emprendedores y emprendedoras que buscan una guía con información seleccionada para hacer que su empresa los ayude a alcanzar los objetivos personales, familiares, económicos y de desarrollo que en algún momento los impulsó a dar el primer paso y convertirse en emprendedor.

Al leer este libro encontrarás anécdotas, experiencias y herramientas que estoy segura que te ayudarán a mejorar áreas críticas del negocio para que logres crear la empresa de tus sueños; esa empresa que tienes en tu cabeza y que al mundo le urge que pongas en práctica.

Este libro no es sólo para leer es para poner en práctica. Te aconsejo leerlo una y otra vez mientras lo aplicas; que los uses a manera de guía en tu camino como emprendedor.

NOTA ADICIONAL

Este libro está dirigido a hombres y mujeres emprendedores, sin distinción alguna. Mi postura hacia la equidad de género es a favor de ésta y reconozco sus beneficios.

Sin embargo pudiera resultar tedioso para el lector, si a cada palabra que distingue género agregara su equivalente en el género opuesto, como pudiera ser el caso de emprendedor y emprendedora, lectora y lector, trabajadora y trabajador, etc.

Es por este motivo que tomaré como incluyente a ambos géneros el uso de palabras en su naturaleza masculina esperando que, seas hombre o mujer, logres identificarte con lo que en este libro, con mucho amor y dedicación te entrego.

Capítulo 1

Clave 1. Pasión.

¿Por qué emprender?, recuerda qué encendió la llama

> *Los dos días más importantes*
> *en la vida de un hombre son:*
> *el día en que nace*
> *y el día que descubre para qué*
> *- Mark Twain*

Imagina que gracias al éxito que has obtenido en tu negocio, Oprah Winfrey la presentadora, productora, empresaria y crítica de libros más famosa del mundo, decide entrevistarte y lo primero que te pregunta es:

— Y dime, ¿Qué fue lo que te impulsó a emprender tu negocio?"

Piensa por un momento y resuelve con la respuesta más sincera que venga a tu mente y tu corazón.

¿Cuál sería tu respuesta? ¿Cómo empezó todo? ¿Qué es lo que encendió la llama y desde cuándo empezó a estar ahí?

Escucha tus respuestas y descubre en ellas cuál es la que te satisface y te hace sentir orgulloso de ti mismo.

No tiene que ser una respuesta rebuscada ni debe ser algo tan trascendental como la paz mundial; sino algo que a ti en especial te llena y va de acuerdo a tus valores más arraigados

Estas son algunas de las respuestas que recabé de un grupo de emprendedores del norte de México:

"Por el gusto de compartir lo que me apasiona"

"Ser independiente y dueña de mi tiempo"

"Combinar profesión con ser esposa y madre"

"Tener un ingreso económico que no esté limitado por un jefe"

"Ser financieramente independiente y poder adquirir para mi hijo y para mí todo lo que necesitamos y asegurar sus estudios el día de mañana"

"Desarrollarme profesionalmente y tener flexibilidad de tiempo para acompañar a mis hijos en su crecimiento"

"Administrar mi tiempo y mi agenda"

"Crear ingresos adicionales a mi sueldo como empleado mientras hago algo que disfruto mucho"

"La noticia de que sería papá, quería hacer algo para ganar más dinero y que mis hijos me vieran cumplir metas personales"

"Sumar ingresos en conjunto con mi pareja y realizarme profesional y personalmente"

"Continuar con la empresa que nos dejó mi padre"

"Para obtener ganancias para mí y no para un jefe"

"Tener ingresos adicionales para costear el tratamiento durante la enfermedad de mi hija"

"Construir algo que me permitirá en un futuro renunciar a mi trabajo"

"El despido de mi último trabajo y que a mi edad era difícil encontrar otro empleo"

Aunque son respuestas de un grupo de empresarios del norte del país, no difieren de lo que muchos emprendedores de cualquier parte del mundo responderían a la pregunta ¿Qué te impulsó a emprender tu negocio?

Te invito a pensar activamente en tu respuesta.

***

Hagamos cuentas

En los últimos años, ha habido una intensa campaña por parte de los gobiernos, instituciones educativas e instituciones financieras para motivar a las personas y en especial a los jóvenes a emprender su propio negocio, algunos creen que emprender hoy es una moda y otros que es una urgencia para el desarrollo de la sociedad.

Sea por moda, por urgencia, por influencia o por obligación; desarrollar emprendedores debiera ser una tarea de todo gobierno, pues desarrollar estas fuerzas, es hacer crecer un activo para la sociedad, el cual brindará beneficios directos y contribuirá al desarrollo de la comunidad.

Basta ver a través de la historia cómo los emprendedores han estado presentes en los cambios significativos que ha tenido el mundo, se pudiera decir que **como sociedad somos el resultado de los**

muchos emprendedores que han tenido la pasión y el enfoque de hacer realidad sus sueños. A continuación te presento algunos ejemplos:

Johannes Gutenberg, a quien le debemos la imprenta (1440) y con ello una revolución en el mundo de la escritura, la información y la educación.

Cristóbal Colón, emprendedor que logró conseguir inversores para sus viajes que lo llevaron a descubrir América (1492) y crear un antes y un después en ambos continentes

Thomas Cook, creador del concepto de viajes organizados (1841) que dieron lugar a lo que hoy conocemos como agencias de viajes

Aaron Montgomery Ward, creador del sistema de venta por catálogo (1872) que cambió la forma de hacer ventas y distribuir artículos.

Thomas Alva Edison, quien inventara la bombilla eléctrica (1879) y fuera uno de los emprendedores más destacados por sus múltiples inventos, que dieron pie a una nueva etapa de industrialización y de estímulo para el surgimiento de nuevas industrias y nuevos emprendedores.

Henry Ford, que fundó la primera armadora de autos en serie (1903) y quien participó activamente en lo que se conoció como la era industrial.

Mary Kay Ash, emprendedora que revolucionó el papel de la mujer en la vida empresarial y fue pionera en la creación de un sistema de comercialización (1963) en donde involucraba principalmente amas de casa.

Bill Gates, quien a través de su emprendimiento (1975) hizo de la computadora una herramienta de uso diario para el ciudadano común y corriente.

Steve Jobs, creativo que encontró la forma de resolver problemas cotidianos a través de sus productos tecnológicos (1976) que hoy en día son "imprescindibles".

Larry Page, a través de su emprendimiento (1998) creo un imperio en donde su sistema de manejo de información es su mayor activo; y proporciona al mundo la facilidad de encontrar información en el internet.

Y la lista pudiera ser infinita, dejé fuera a personalidades importantísimas que han influido en nuestro ambiente actual, pero ese pudiera ser tema para un libro de varios tomos.

El mensaje que te quiero dar con estos ejemplos es que el papel que juega el emprendedor es y ha sido durante siglos lo que ha marcado nuestra historia como humanidad.

> **A los líderes que se atreven a hacer, se arriesgan a ganar y a perder, dominan sus miedos y vencen obstáculos, a ellos y a ellas debemos nuestro hoy.**

Los emprendedores activan la economía a través de sus empresas, crean empleos, incentivan la venta y hacen compras. Desarrollan innovaciones que aumentan el nivel de vida de los consumidores, resuelven problemas y satisfacen necesidades; es decir, impulsan a la sociedad a avanzar hacia la prosperidad.

Te invito a observar a tu alrededor y percibir los beneficios que has recibido de quien algún día, por algún impulso, decidió emprender un negocio y crear la silla en la que hoy estás sentado, la cafetera en la que cada mañana preparas tu café, el maletín en el que guardas tu computador, los zapatos que usaste ayer, el restaurante aquel en el que realizaste un memorable festejo, los juegos del parque en el que jugabas de niño y la interminable lista de objetos y servicios que diariamente usas y que tienen, detrás de él, a un emprendedor que tuvo una idea y luego trabajó sigilosamente para que esa idea se volviera realidad.

En resumen, los emprendedores, desde siempre han impactado a nuestra sociedad en general y al individuo en particular y han sido actores protagónicos en el desarrollo y el rumbo que ha tomado el mundo. Y estoy segura que continuarán haciéndolo.

Lo interesante de esto es que los emprendedores de los que te hablo, son personas como tú y como yo. Numerosos estudios demuestran que no hay un perfil único para emprender un negocio; no se requiere un determinado coeficiente intelectual; ni si quiera un nivel de estudios mínimo, ni haber nacido en determinado país, hablar cierta lengua o simpatizar con alguna ideología política, social o religiosa en específico.

> **Lo que se requiere es: una idea, un actor que esté dispuesto a trabajar en ella; horas de trabajo, preparación constante y trabajo en equipo.**

***

La búsqueda de un objetivo mayor

Para el emprendedor, soportar las dudas, las críticas, las carencias, los desvelos, las jornadas de trabajo y la incertidumbre; no es producto solamente de poseer cualidades de persistencia, como son las disciplina, la constancia y la fuerza de voluntad.

Se requiere algo más; algo que vaya de la mano con estas cualidades y que las alimente, que hagan equipo con ellas y las sostenga para que no decaigan.

Ese algo se llama tener un **objetivo mayor** que perseguir.

Al inicio de este capítulo te hacía la pregunta: ¿Qué te impulsó a emprender tu negocio?; ahora la pregunta sería:

¿Pudiera ser la respuesta a esa pregunta, el objetivo mayor que persigues?

El objetivo mayor puede ser un objetivo personal que impacte tu vida o la de tus seres amados de una forma positiva.

Un objetivo que se alinee a tus valores, a tus sueños más grandes y que en los momentos en los que necesitas tomar fuerzas se haga presente y te haga continuar, es decir te impulse a hacer lo necesario para seguir en el camino.

Un objetivo que además dé un sentido de trascendencia en tu vida.

Tener un negocio porque te dijeron que eso era una buena meta, ganar dinero sólo porque es lo que todo el mundo quiere, ser tu propio jefe porque no aguantas al actual; no te mantiene en la batalla cuando te conviertes en emprendedor; esos son objetivos superficiales que te pueden alentar los primeros meses; pero no te podrán acompañar el resto del tiempo; en un futuro tú los abandonarás a ellos.

Quieres tener un negocio; ¿por qué? ¿A quién quieres servir? ¿La vida de quién o de cuántos quieres impactar positivamente con tu emprendimiento?

¿Quieres ganar más dinero y no tener tope salarial? ¿Cuánto quieres ganar? y ¿Qué harías con ese dinero?, ¿De qué forma ese dinero beneficiará tu vida o la de tus seres queridos?

¿Quieres ser tu propio jefe?, ¿quieres ser el administrador de tu tiempo?, ¿para qué? ¿Qué tipo de actividades quieres agregar a tu día a día o a tu semana o a tu año que haga que tu vida sea mejor?

Resolver estos cuestionamientos te pueden ayudar a definir tu muy personal objetivo mayor.

Beneficios de tener un objetivo mayor claro

- *Un objetivo mayor ayuda a enfocarte en lo verdaderamente importante*

Tener un objetivo mayor es crucial cuando al estar emprendiendo aparecen "oportunidades" y debes decidir entre tomarlas o rechazarlas; preguntándote ¿esta "oportunidad" me aleja o me acerca de mi objetivo mayor?

Recuerdo cuando mi negocio estaba listo para ser franquiciado; después de 11 meses de trabajo arduo en conjunto con los asesores en aspectos legales, de sistemas y creación de manuales y estrategias de comercialización de franquicias llegó el momento de lanzar la franquicia al mercado.

Estaba todo listo y sin embargo yo estaba aterrada; empecé a entrar en un conflicto interno que ni yo misma entendía. Había algo que me impulsaba a continuar y a la vez una fuerza enorme que me frenaba.

En una ocasión, expresando este sentimiento con René mi asesor me dice algo que me abrió los ojos:

— tu negocio está listo, solo falta encontrar el tiempo para que tú estés lista. No es cuestión de capacidades ni habilidades; es cuestión de esperar"

En ese momento mis hijos aún eran pequeños; la menor de ellos tenía apenas 7 años. Mi objetivo mayor aún era gozar de los beneficios de tener un negocio propio mientras acompañaba a mis hijos en su crecimiento.

Así que alineada con mi objetivo mayor decidí esperar y guardar por un momento la idea de salir a buscar nuevas oportunidades de negocio fuera de mi ciudad hasta que mis hijos crecieran un poco más.

- *Elimina el victimismo y eleva la responsabilidad.*

Un Objetivo mayor también es de gran ayuda para cambiar la mentalidad de víctima hacia responsable de tu destino.

Cuando no tenemos un objetivo que perseguir, tomamos las decisiones en base a intereses de otras personas y nos dejamos influir fácilmente por opiniones sin fundamento; o bien, tendemos a culpar a factores externos del desempeño del negocio como pudieran ser: el gobierno, los empleados, la competencia, etc.

Teniendo un objetivo mayor definido, el hambre de alcanzarlo nos ayuda a tener una mente abierta para encontrar las soluciones a los problemas que se presenten; y estamos dispuestos a no dejar en manos de otros el rumbo de nuestro negocio.

Tal es el caso de muchos emprendedores que abandonan su empresa con la excusa de que actualmente no se encuentran buenos empleados; y por otro lado hay emprendedores que crean los sistemas, reglamentos y procedimientos para lograr que cada persona contratada dé lo mejor de sí y encuentre en su empleo una fuente de retos y de satisfacciones.

- *Ayuda a elevar la motivación para continuar a pesar de los obstáculos.*

Como te mencionaba anteriormente, tener un objetivo que impacte positivamente tu vida y la de otros te va a ayudar a sacar las fuerzas necesarias para vencer los obstáculos que se atraviesen. Porque una cosa si te puedo asegurar; cuando emprendes un negocio, van a salir obstáculos y bastantes.

Ejemplo de esto es mi buena amiga Cristina, fundadora de Neurofinanzas A.C.

Cristina, debido a vivencias en su infancia y su juventud relacionadas con la administración y las creencias acerca del dinero decide fundar una asociación civil sin fines de lucro dedicada a educar financieramente a las personas bajo su lema: todos tenemos derecho a recibir educación financiera completa y de calidad.

Su objetivo mayor siempre ha sido empoderar a las personas a través de una buena educación financiera y para esto organiza mensualmente pláticas gratuitas en donde se brinda información sobre tres temas: dinero, emprendimiento y desarrollo personal. Cristina comenta que cuando los obstáculos llegan y en ocasiones le roban fuerza, voltea a ver a la comunidad de personas que mes con mes acuden a sus pláticas y los testimonios de cómo este programa ha impactado positivamente sus vidas y los han empoderado; con esto, a Cristina le basta para retomar las fuerzas y continuar con su misión.

Características del objetivo mayor del emprendedor

Para que un objetivo mayor te impulse y sea motor en tu emprendimiento debe cumplir con las siguientes características:

- Debe ir alineado a tus valores personales
- De cumplirse, tu vida y/o la de tus seres más amados se verá positivamente impactada
- Da un sentido de trascendencia a tu vida
- Debe ser alcanzable, pero retador; sencillo de comprender y fácil de explicar.

***

En mi caso, cuando inicié mi negocio, el más importante de los objetivos de emprender era poder combinar mi rol de mamá y de esposa mientras alcanzaba metas profesionales y contribuía a la economía familiar.

Siempre me ha gustado aprender y deseaba desarrollarme como líder. La mayor parte de mi vida estudiantil saqué buenas notas y una vez graduada quería retar mi capacidad como profesionista. No me hacía a la idea de ser solamente ama de casa, aunque no niego que es una actividad que disfruto y para la cual fui educada por mis padres.

Pude haber elegido trabajar para una empresa, o quedarme en mi trabajo de medio tiempo en la universidad; pero quería generar ingresos y ejercer mi profesión a la vez que disponía de tiempo para estar presente en momentos importantes en la crianza de mis hijos, momentos del día a día como compartir los alimentos y estar pendiente de su nutrición, llevarlos y recogerlos de la escuela y estar al tanto de su desempeño y sus necesidades, llevarlos y recogerlos de las academias deportivas y fomentar en ellos el deporte y las artes, verlos participar en algunos entrenamientos, estar presente en las competencias, en los festivales, obras de teatro y en toda actividad que para ellos fuera importante.

Recuerdo que en más de una ocasión estaba tan inmersa en el trabajo, realizando proyectos dentro del negocio o intentando solucionar algún problema, que en cuanto sonaba la alarma de mi teléfono que me anunciaba que debería pasar por alguno de mis hijos o debería acudir a alguna actividad con ellos; había cierta resistencia de parte mía de dejar de lado lo que en el momento estaba haciendo y acudir al llamado; pienso que se debía a la inercia que traía en la actividad laboral y porque sin lugar a dudas disfrutaba de lo que estaba haciendo. Sin embargo en ese momento recordaba que el motivo por el que decidí ser emprendedora y no asalariada era para poder acudir a esos llamados; así que me decía: *"Patricia, es momento de dejar de hacer lo que estás haciendo e ir con tus hijos; eso es lo que elegiste para ti, así que ve y hazlo con gusto"*... y así lo hacía.

Por otra parte, otro beneficio de tener muy definido el objetivo mayor que perseguía, fue que me vi forzada a contratar personal, crear sistemas y delegar actividades para que el negocio siguiera funcionando mientras ejercía mi rol de mamá. Pues de no haberlo hecho, hubiera estado atada al horario del negocio sin poder acudir a las actividades de los niños.

No niego que en más de una ocasión me costó desvelos, dormir escasas 3 o 4 horas por la noche haciendo actividades que el negocio requería que hiciera antes de irme a la actividad que compartiría con mis hijos. Pero en ese momento estaba consciente de que eso era lo que quería para mí y mi familia y al final lo hacía con gusto y me sentía agradecida.

Sin lugar a dudas, el tener mi objetivo mayor personal siempre presente; me dio la fuerza de continuar, enfocar mis esfuerzos y hacer cada día más ligero.

***

Y para ti; ¿Cuál es tu objetivo mayor como emprendedor?

No lo dejes en la mente; escríbelo en un lugar visible. De preferencia en tu agenda, cerca de la mesa de trabajo o de algún lugar que visites al iniciar el día y te permita leerlo con regularidad.

Te vas a maravillar del motor tan grande que representará para ti ese "papelito" con tu objetivo mayor escrito. Obrará en tu mente y corazón de forma maravillosa.

Encontrando el porqué de mi empresa

En el 2008 se anunciaba una fuerte crisis en México; como consecuencia de la crisis económica de Estados Unidos de Norteamérica.

En ese momento, motivada por sobrevivir a esa crisis, me di a la tarea de mejorar el negocio, que en ese entonces estaba conformado por 3 sucursales. Empecé a hacer procedimientos, programas de capacitación y de inducción, desarrollamos indicadores de desempeño y todo lo que en el momento pensaba que era necesario para que el negocio fuera más fuerte.

Busqué asesores financiados por el gobierno, pues en ese entonces el negocio no podía sostener su pago. Y me devoraba cualquier libro o artículo que pensaba que me ayudaría a mejorar el negocio.

En ese momento también caí en la cuenta de la importancia de que el mismo negocio tuviera su objetivo; aprendí que lo que me motivaba personalmente no era lo que motivaba a mis empleados a trabajar en la empresa; ni a los clientes a acudir al negocio. Ahí descubrí el concepto de Generar Valor; yo lo llamaba en ese entonces: **Lograr que el negocio sea un instrumento para alcanzar bienes mayores.**

Me puse en los zapatos del empleado e indagué sobre sus objetivos personales y cómo a través del negocio pudiera alcanzarlos.

También platiqué con clientes para descubrir qué los motivaba a acudir al negocio, qué les gustaba y qué no les gustaba del mismo.

Caí en la cuenta de que los clientes no acudían al negocio por un servicio en sí; sino por el valor que ese servicio pudiera dar a sus vidas.

Así, entre todos los miembros del equipo, en el 2008 definimos para la empresa:

- Lo que somos (misión)
- Hacia dónde vamos (visión) y
- Los valores que regirían nuestra toma de decisiones diaria (valores)

Gracias a esto logramos que este año, pese a la crisis, el negocio no solo sobreviviera; sino que lograra un crecimiento muy superior a lo que cada año veníamos logrando.

Este año aprendimos el impacto positivo que resulta de que todas las personas involucradas en una organización unan sus esfuerzos hacia un objetivo común; aprendimos también que una micro empresa, puede manejarse bajo los mismos conceptos con los que se manejan las grandes empresas y que en muchas ocasiones, la implementación de cambios de alto impacto no requieren de grandes inversiones económicas; sino de sistemas de organización que nos ayuden a trabajar eficientemente y en armonía hacia una meta común.

Algo que me ayudó a transmitir estos conceptos a todo el equipo era usar la analogía de una carreta tirada por 4 caballos.

Imaginemos dos carretas:

Una de ellas es una carreta cuadrada tirada por 4 caballos, cada caballo está acomodado en un lado de la carreta (uno viendo al norte, otro al este, otro al oeste y un último al sur).

Y por otro lado está una carreta también cuadrada idéntica a la anterior, sólo que ésta es jalada por 4 caballos formados por pares viendo todos hacia la misma dirección (todos hacia el norte).

¿Cuál de estas dos carretas crees que logre avanzar?

¿Cómo crees que es la experiencia de los caballos que pertenecen a la primera carreta? ¿Y cómo la experiencia de los caballos de la segunda carreta?

Y si nosotros fuéramos los caballos, ¿a cuál de las carretas te gustaría pertenecer?

Sin lugar a dudas todos preferimos pertenecer a un equipo en donde trabajamos juntos hacia un objetivo; de esta forma se requiere menos esfuerzo para llegar al objetivo, hay menos fricciones entre los miembros del equipo y se disfruta más el viaje.

***

El Círculo de Oro

El Círculo de Oro, es un concepto expuesto por Simon Sinek en su libro "Start With Why" y en la plática Ted del mismo nombre, la cual puedes encontrar en la internet.

En esta plática el autor plasma de una forma gráfica y simple su hipótesis de porqué algunas empresas, organizaciones o individuos logran influir e inspirar en otras personas y otras no.

Analiza el caso Apple, el movimiento social liderado por Martin Luther King y el invento del avión de los hermanos Wright.

Y su conclusión, con la cual estoy de acuerdo; es que las empresas o líderes que logran identificar su propósito empresarial, es decir su **porqué** existen y lo saben comunicar, logran crear conexiones fuertes con aquellas personas que tienen los mismos ideales o se mueven persiguiendo objetivos similares. Logran atraer y entablar fuertes relaciones con clientes, socios y empleados; lo cual es crucial para la sobrevivencia y crecimiento de un negocio.

En el Círculo de Oro esta idea se expresa gráficamente de la siguiente forma:

Se pueden observar 3 círculos concéntricos.

El más grande de todos representa a las empresas que conocen **qué** es lo que hacen; estas empresas pudiera decirse conforman el universo con el 100% de las empresas, ya que cualquier empresa sabe identificar **qué** hace.

Es decir: hacemos pizzas, lavamos ropa, servimos desayunos etc...

El círculo interior de tamaño mediano; representa a las empresas que saben **cómo** hacer las cosas; aquí entran las empresas que ya cuentan con procedimientos o estándares para lograr que sus productos o servicios se entreguen siempre con las mismas características. También entran las empresas que tienen definido su diferenciador que le da ventaja ante la competencia.

Por ejemplo:

Hacemos pizzas en horno de leña con masa madre elaborada tradicionalmente y alimentos 100% naturales

Lavamos ropa con detergentes biodegradables y procedimientos 100% ecológicos.

Servimos desayunos en un tiempo máximo de 10 minutos y con el balance personalizado de carbohidratos, proteínas y grasas.

Y en el círculo interior, el cual es más pequeño; se encuentran las empresas que tienen claro su **porqué.** Es decir; que lograron identificar el bien mayor que como empresa persiguen y han logrado comunicarlo a sus socios, colaboradores y clientes.

Siguiendo con los ejemplos anteriores los **porqué** de las empresas imaginarias antes mencionadas pudieran ser:

Pizzería: Motivar a las personas a regresar a la cocina natural a través de trasladarlos emocionalmente a la Italia de 1900 degustando platillos de la época 100% naturales

Lavandería: Evitar contaminación y fomentar una cambio de hábitos en el lavado de ropa por medio de eliminar los elementos dañinos en los procesos de lavado que diariamente perjudican el medio ambiente.

Restaurante: Ayudar a las personas a lograr sus proyectos personales y profesional es a través de entregarles un desayuno adecuado a sus necesidades físicas que les permitan conservar su salud y sentir energía durante el día.

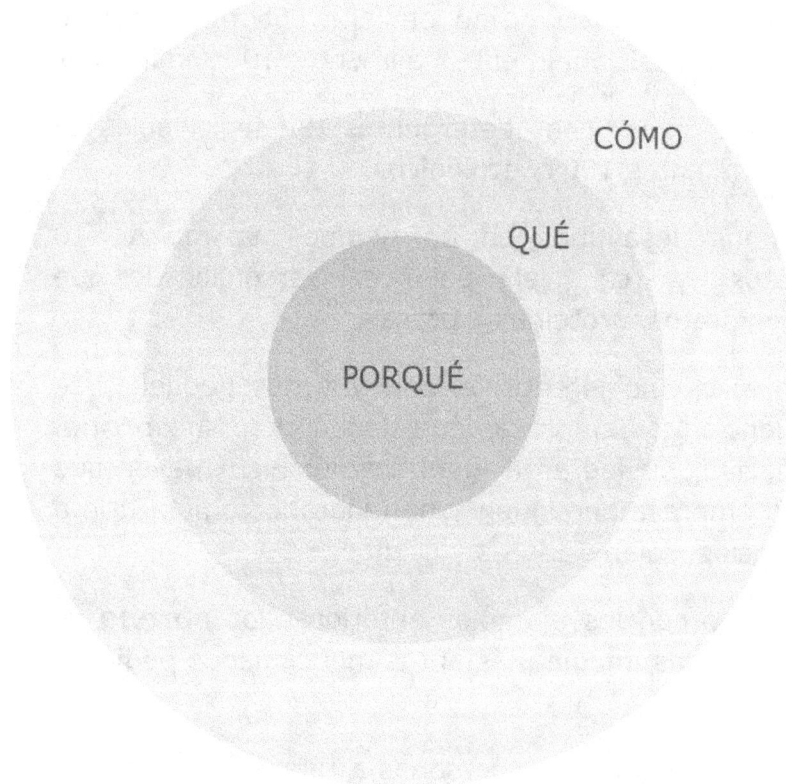

Lo interesante de esto es que para el desarrollo de un negocio, es mejor partir del *porqué* que del *qué*; y sin embargo, estamos muy acostumbrados a iniciar de forma inversa; primero planeamos lo que vamos a hacer, y pocas veces nos ponemos a pensar porqué lo hacemos.

Me viene a la cabeza la empresa Toms, dedicada a vender zapatos de tela inspirados en las alpargatas Argentinas.

La historia de la empresa inicia cuando su ahora fundador Blake Mycoskie visita la Argentina y nota que existe una cantidad grande de niños que van descalzos por falta de recursos económicos. En su intento de ayudarlos y de proveerlos de calzado crea Toms.

La empresa Toms desde un inicio definió su **porqué** de una forma simple y clara, esto lo llevó a crear su producto (**qué**) y sus canales de distribución (**cómo**) de tal forma que logró tener un crecimiento inigualable en la industria del calzado.

El **porqué** de la empresa, desde sus inicios y hasta la fecha, fue proveer de calzado a niños de escasos recursos.

La estrategia que siguió Blake Mycoskie, fundador de Toms, fue vender calzado con diseño original, fácil de mantener y cómodo para personas de cualquier edad, incluyendo niños; pues por cada par de zapatillas que se vendiera, se donaría un par similar a niños de escasos recursos.

Bajo este esquema y con esta misión, la cual supo comunicar muy bien la empresa; Toms se hizo rápidamente de clientes, socios comerciales y empleados leales que compartían el mismo objetivo de ayudar a niños de la Argentina y de otras partes del mundo.

Hay muchas empresas que pudieran hacer el mismo par de calzado; de hecho existen ya en el mercado, sin embargo, quienes conocen y saben el *porqué* de la empresa Toms, y comulgan con este *porqué*; prefieren pagar el doble y apoyar a una causa; que comprar más barato pero que su compra no trascienda más allá de ellos mismos.

> **Encontrar el *porqué* existe una empresa y lograr comunicarlo eficientemente es sin lugar a dudas un factor de éxito para atraer a los clientes, socios y empleados correctos.**

Un *porqué* que no sea solo ganar dinero, ya que éste vendrá como resultado de crear lealtad y de trabajar en equipo con clientes, socios comerciales y empleados.

***

La empresa Toms fue diseñada partiendo de un *porqué*, para luego desglosarlo en un *cómo* y un *qué.*

Pero qué pasa con la mayoría de nosotros que iniciamos con un *porqué* personal. Es decir con un objetivo mayor del emprendedor y no de la empresa.

O que cuando iniciamos la empresa empezamos definiendo el *qué*; para luego definir un *cómo* y a pesar de que ya estamos en la operación, aún no hemos podido definir el *porqué* existe la empresa de forma clara.

Pues lo que seguirá, si quieres tener un motor para tu empresa más grande que tus propias fuerzas y un equipo de clientes, socios comerciales y empleados leales, será definir el **porqué** de tu empresa.

¿Cómo definir el porqué de tu empresa?

Cuando una empresa opera, tiene clientes, y ha sobrevivido, es porque esa empresa ya tiene un **porqué**, el cual, aunque el dueño desconozca, sus clientes sí conocen; sólo falta descubrirlo, formalizarlo y comunicarlo.

Para definir el **porqué** de una empresa deberemos pensar en el impacto positivo que los productos y servicios generan en el cliente que ya consume nuestro producto y/o en la sociedad que se ve impactada.

Deberemos pensar hasta en los detalles más pequeños y cómo éstos pueden lograr la trascendencia.

Lo que buscaremos es expresar de forma clara, sencilla y en lenguaje positivo que motive a la acción, los beneficios que sí obtiene tu cliente o la sociedad al adquirir los productos/servicios que tu empresa ofrece.

Mary Kay es una exitosa empresa de cosméticos que nació de la frustración de su fundadora Mary Kay Ash por ver que las oportunidades de promoción dentro de una empresa no eran ofrecidas a mujeres a pesar de su buen desempeño; sino que había una notable preferencia por el sexo masculino ante cualquier oportunidad de desarrollo laboral. Mary, además había quedado viuda y en su infancia había experimentado soledad al estar apartada de su madre a causa del trabajo de ésta.

Viendo este panorama decide formar una empresa que le dé sustento económico a la vez que ayuda a otras mujeres a crear fuentes de ingreso sin descuidar a su familia. Actualmente la empresa Mary Kay expresa su **porqué** de la siguiente forma: *Darle oportunidades ilimitadas a las mujeres*

En esta afirmación vemos cómo la empresa utiliza un lenguaje positivo, sencillo y claro. Y amplía el campo de acción que le permite trabajar con las mujeres en múltiples áreas que apoyen su desarrollo en lo profesional, personal y económico.

Algunos otros ejemplos del **porqué** de empresas conocidas son:

"Organizar la información del mundo y hacerla accesible para todos" Google

"Nutrir familias para que puedan florecer y prosperar" Kellogg's

"Brindar inspiración e innovación a todos los atletas del mundo" Nike

¿Por dónde empezar?

Prepárate para charlar con el mayor número de clientes y empleados de tu empresa; hazles preguntas relacionadas con el beneficio que las personas adquieren cuando acuden o interactúan con tu negocio. Observa también los comportamientos de compra y las reacciones de tu cliente al adquirir tu producto y también su reacción al no poderlo adquirir.

Estudia el sentimiento que invade a tu cliente cuando ofreces tu servicio de la mejor manera posible y también analiza cómo ha reaccionado tu cliente cuando por alguna falla no intencionada, el servicio no fue entregado de manera adecuada.

Observa qué expresa tu cliente, las historias y anécdotas que crea a partir de la adquisición de tu producto; los problemas que resuelve o las necesidades que cubre.

¿Qué es lo que estás buscando? Estás buscando descubrir los beneficios que los clientes o terceras personas reciben debido a la existencia de tu empresa. Ve anotando tus observaciones y pídele a tu equipo de trabajo que interactúa directamente con el cliente que haga lo mismo, anota todos los detalles por mínimos y sutiles que puedan parecer.

Una vez que recopiles todas las ideas léelas y agrúpalas según el beneficio que recibe el cliente, busca la relación que hay entre los diversos beneficios y encuentra el beneficio mayor que tu cliente persigue.

No te desesperes si en un par de días no consigues encontrar el **porqué**; no dejes de buscar y repite este ejercicio las veces que sean necesarias hasta encontrar un **porqué** que sea:

- Sencillo y claro de expresar
- Positivo
- Motivante
- Refleje un beneficio real que obtiene tu cliente o terceras personas a través de tu empresa
- Te hace sentir orgulloso de la empresa a la que perteneces
- Te abre el abanico de oportunidades y hace funcionar el **qué** y el **cómo** de tu empresa

Paulina es bailarina desde los 4 años; actualmente es licenciada en nutrición y cuenta con las certificaciones necesarias para impartir clases de ballet.

Cuando ella inicia su academia hace unos 5 años su principal motor era su pasión tan grande por el baile y la enseñanza de esta disciplina; pero es hasta que pasan un par de años que descubre el impacto positivo que ha dejado en las niñas y sus familias al pasar por su academia.

Las niñas han adquirido hábitos de cuidado de su cuerpo y su salud a través de la práctica de la danza y de una buena alimentación.

Coherente a sus conocimientos Paulina jamás ha permitido en su academia comida chatarra; en la primera oportunidad platica con las niñas sobre el cuidado de su cuerpo como una forma de respetarse y amarse a sí mismas y resuelve todas las dudas de sus alumnas sobre buenos hábitos alimenticios además de enseñarlas los principios y técnicas de la danza.

Paulina ha descubierto que el **_porqué_** de su empresa es: *A través de la danza; empoderar a las niñas para que sean capaces de valorarse y cuidar de su salud física y emocional por el resto de sus vidas.*

Una vez que logró definir su **_porqué_** a Paulina le llovieron un sinnúmero de ideas que empezó a poner en práctica y que contribuyen a su propósito.

Empezó a seleccionar las palabras para dirigirse a sus alumnas las cuales son llamadas de forma genérica bailarinas y jamás princesas o princesitas.

Durante los ejercicios las niñas aprenden a observar su cuerpo para conocer sus alcances, sus habilidades natas y las habilidades que pueden desarrollar.

Aprenden que todas son diferentes y todas son valiosas.

En la academia las niñas aprenden a trabajar en equipo y valoran y aplauden los avances que se han logrado con el esfuerzo diario; y saben que cada una de ellas es responsable de su avance y de su práctica diaria.

Día con día se emplean frases que resaltan la importancia de los buenos hábitos y de los pequeños pasos que al final forman una gran función.

Dentro de la academia no se permiten lo gritos, ni faltas de respeto. Hay aplausos, risas, consejos y mucha música.

Por supuesto, además de que Paulina está constantemente motivada por su **porqué**; cuenta con un grupo de padres de familia, y maestros leales a su academia, por lo que el crecimiento en el último año ha sido sorpresivo, actualmente la demanda excede a la capacidad de la academia.

En la medida en que existan más emprendedores comprometidos con nobles ideales que influyan positivamente en su entorno, este mundo será un mejor lugar para vivir

Patricia Díaz

Capítulo 2

Clave 2. Valor

Los cuatro actores a quienes servirá tu empresa

> *Valor compartido es crear valor económico a partir de la generación de beneficios sociales.*
> *– Michael Porter*

Te has preguntado ¿por qué prefieres usar un mapa satelital tipo GoogleMaps o Waze y no los mapas de papel que por años utilizaron nuestros padres y abuelos?

Las razones son obvias y básicamente son 3:

1. En los mapas satelitales siempre aparece el punto de partida y el punto final, independientemente de la distancia entre ellos.
2. Con el mapa satelital puedes tener una visión global del camino y una visión a detalle del mismo, acercas y alejas el mapa a tu conveniencia.
3. En el mapa satelital cuentas con datos actualizados que te permiten evaluar el mejor de los caminos.

Con estos tres beneficios pudiéramos decir que, con ayuda de los mapas satelitales, cualquier destino es alcanzable, siempre y cuando te muevas hacia él.

Si trasladamos estos beneficios a nuestro hacer diario en la empresa pudiéramos decir que para alcanzar la empresa de nuestros sueños requerimos:

1. Saber hacia dónde nos dirigimos y desde dónde partimos.
2. Establecer una estrategia global con acciones específicas y definidas.
3. Contar con información objetiva que nos permita tomar decisiones en el camino.

Para este capítulo, me gustaría abordar la segunda clave del éxito ayudándote a evaluar cómo está tu empresa actualmente en relación a esta clave, para después poder definir el camino a seguir.

Para determinar el punto inicial es necesario reconocer cómo estamos actualmente, cuáles son nuestras fortalezas y cuáles nuestras debilidades en cada uno de los aspectos principales del negocio.

> ***Conocer el punto inicial de la forma más objetiva posible nos dará luz para saber el camino a trazar***

Durante años se ha pensado que el objetivo principal de una empresa es generar dinero, esta teoría fue muy conocida y difundida en la década de los 80´s con el libro "La Meta" de E.M. Goldratt. (Por cierto, te recomiendo leer este libro, trae ideas que en su momento fueron innovadoras y actualmente son básicas para la construcción de un sistema o empresa). Más sin embargo, 30 años después, algunos autores, investigadores y empresarios hemos notado que generar dinero es sólo una pieza de todo el rompecabezas. El rompecabezas completo se llama **Generación de Valor.**

Generar Valor, aunque es un concepto que se ha popularizado en los últimos años, es un concepto que tiene más de un siglo. En 1910 Wallace D. Wattles ya menciona este concepto en su libro "La Ciencia de Hacerse Rico" al confirmar que para alcanzar la riqueza es necesario ofrecer productos o servicios que beneficien a muchas personas y que logren que la vida de esas personas, sea más de lo que antes era.

Para mí, ese es el concepto de Generar Valor en una empresa: lograr que las personas que están involucradas en la empresa obtengan beneficios que les ayuden a alcanzar bienes mayores y objetivos específicos.

Bajo este concepto evaluar a una empresa en base a su generación de valor equivale a evaluar el beneficio que obtienen de la empresa todos los involucrados en ella, los cuales podremos dividir en 4 grupos a los que llamaremos "actores" del negocio

- Clientes
- Empleados
- Inversionistas
- Sociedad

En las siguientes páginas profundizaremos en qué es y cómo evaluar la generación de valor que le brindamos a cada uno de los actores.

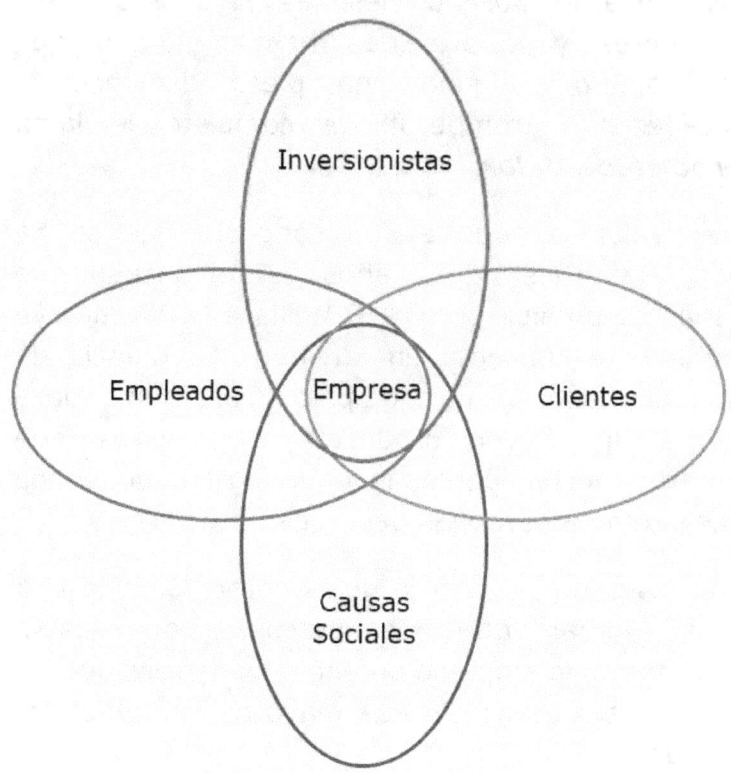

Generar valor a Clientes

Generar valor al Cliente se traduce en **solucionar problemas** o **satisfacer necesidades** a las personas que adquieren los productos/servicios que ofrecemos.

Para conocer el valor que para nuestro cliente representa adquirir nuestros servicios es necesario descubrir porqué nuestro cliente compra nuestros productos/servicios y ver más allá de lo que físicamente adquieren.

Por ejemplo, una persona que compra un horno tostador está adquiriendo salud y economía, pues vive sólo y le es más costeable comprar un horno para hacer sus platillos saludables individuales que comprar diariamente comida rápida.

Pero otra persona, que adquiere el mismo horno tostador, pudiera estar adquiriendo un espacio para convivencia y bienestar de sus colaboradores que se traducirá en un mejor trabajo en equipo ya que con este horno tostador va a armar en su empresa un pequeño comedor para empleados.

Otro ejemplo, una persona que va a una refaccionaria para automóvil pudiera estar adquiriendo valor económico al comprar aditamentos que eleven el valor monetario de su automóvil, mientras otros estarán adquiriendo seguridad para ellos y sus familias al adquirir productos o servicios que mantienen a sus automóviles en óptimo funcionamiento, y otros más estarán adquiriendo pertenencia al comprar artículos que modifican el automóvil de acuerdo a los estándares de determinados clubes automovilísticos que se reúnen periódicamente.

Es decir, para determinar el valor que le entregas a tu cliente no basta con pensar en el beneficio intrínseco que con tu producto o servicio adquieren, sino que deberás encontrar qué es lo que consciente o inconscientemente tu cliente está solucionando o satisfaciendo a través de tu producto.

La mejor forma de encontrar ese valor es hablando directamente con tus clientes, poniéndote en sus zapatos y siendo empático. Sin juzgar, solo escuchando.

Te pudieras maravillar de los diferentes usos que le dan los clientes a tus productos y podrás determinar qué es lo que ellos están adquiriendo y porqué te prefieren, que es lo que tú haces que te diferencia del resto, o que pudieras hacer para satisfacer en mejor medida sus necesidades.

Además de platicar directamente con el cliente, existen otros canales de comunicación que puedes usar para mantenerte informado en qué es lo que prefieren tus clientes y qué es lo que esperan de tu empresa.

Te recomiendo usar al menos 3 canales para comunicarte con tu cliente; puedes usar redes sociales, correo electrónico, buzón de sugerencias dentro de tu empresa, encuestas físicas, encuestas virtuales, llamadas telefónicas de seguimiento, entre otros.

Una vez que abras los canales de comunicación con tu cliente descubrirás que no todos tus clientes están 100% satisfechos con tu servicio.

Un error que comenten muchos emprendedores es cerrarse a escuchar estas inconformidades, juzgan la opinión del cliente, o encuentran excusas para justificar a la empresa o los empleados.

No cometas ese error, en vez de juzgar aprovecha el regalo que viene envuelto en esa queja, escucha y descubre qué es lo que en realidad los clientes esperan de tu empresa y actúa en consecuencia.

¿Sabes cómo nacieron los limpia-parabrisas del automóvil? ¿O el cursor que aparece en tu celular cuando escribes un mensaje? ¿O los paños de microfibra? Todos ellos - y muchos productos más –

nacieron a raíz de una queja, son productos superiores a lo anteriormente establecido que surgieron como resultado del descontento manifestado por parte del cliente y del deseo de la empresa para trabajar en satisfacerlos.

Cuando conoces a tu cliente y sabes cuál es el valor que percibe cuando adquiere tus productos y/o servicios, puedes entonces descubrir en dónde puedes encontrarlo, qué le gusta y qué le disgusta; con esta información te será más fácil ir tras tus clientes, hacer que ellos te vean e interactuar con ellos.

La relación que estableces con tu cliente puede ir de varias formas:

Dependiendo de su cercanía pueden ser clientes presenciales o en línea.

Dependiendo de la frecuencia con las que te compran pueden ser clientes relacionales o transaccionales.

Dependiendo de la naturaleza de tu producto/servicio puede ser una relación de colegas o de asesor-aprendiz

Dependiendo de lo flexible de tu servicio puede ser una relación personalizada o de masas.

Es importante que conozcas el tipo de relaciones que llevas con el cliente; o el tipo de relaciones que quieras lograr para también saber el tipo de estrategias que vas a manejar para llegar a tu cliente y cómo le harás llegar tus productos de forma adecuada.

Regresando al ejemplo de los zapatos Toms, Toms conoce su **porqué**; sabe que su propósito es lograr que más niños de escasos recursos cuenten con un adecuado calzado. Y eso es lo que comunica hacia adentro y hacia afuera de la organización.

El Valor Generado al cliente de Toms es *la oportunidad de trascender más allá de su compra a través de la donación de calzado*; lo cual brinda emociones positivas de generosidad, empatía y colaboración.

Por lo tanto Toms sabe que sus principales clientes son personas empáticas, generosas, positivas y que disfrutan servir. Descripción que encaja muy bien con los millennials y los jóvenes en general.

Por lo mismo la empresa ha sabido darse a conocer a través de influencers y artistas musicales del momento; ha entablado relaciones con organizaciones de beneficencia como la UNESCO y ha compartido historias en redes sociales y blogs relacionados con el altruismo y la generosidad.

Congruente con el valor empresarial de la empatía; Toms realiza eventos innovadores como el evento One Day Without Shoes que se celebra año con año, el cual le reporta un crecimiento cada vez más notorio en ventas y por consiguiente en donaciones de calzado.

Toms ha logrado lo que pocas empresas logran; ha conseguido la lealtad de sus clientes y que éstos a su vez sean promotores de su marca y su labor.

Para evaluar la Generación de Valor a tu cliente, contesta las siguientes preguntas:

1. ¿Mi empresa tiene un **porqué?**

2. ¿Los actuales clientes conocen el porqué de mi empresa?
3. ¿Cuáles son los principales beneficios que entrego al cliente?
4. ¿Cuál es la relación costo/beneficio que percibe mi cliente?
5. ¿Qué características de mi productos/servicios son más valoradas por la mayoría de mis clientes?
6. ¿Cuál es la característica única, en relación a los otros negocios del giro, que el cliente valora de mi empresa?
7. ¿Puedo definir a mi cliente en términos de sexo, edad, nivel socioeconómico, nivel educativo, gustos y costumbres?
8. ¿En dónde puedo encontrar más clientes como los actuales?
9. ¿Qué mercados de clientes potenciales me falta explorar?
10. ¿Cuento con canales de comunicación formales con mi cliente?
11. ¿Llevo un registro de mis clientes?
12. ¿Llevo estadísticas de venta?
13. ¿Cuento con un sistema de seguimiento post-venta a mis clientes?
14. ¿Conozco si el número de clientes (no solo la venta) de mi empresa va en aumento?
15. ¿Las formas en las que actualmente distribuyo mis productos es la más adecuada?
16. ¿Pudiera explorar nuevas formas de hacer llegar al cliente mis productos?

Generar valor a Empleados

Otro actor importantísimo para el negocio, es el empleado.

Si tu negocio genera empleos directos, es importante que evalúes el valor que a cada uno de los colaboradores de tu empresa le entregas.

En la sociedad, tenemos catalogado al trabajo como una fuente de obtener dinero a través de un sueldo; y efectivamente, no voy a negar que recibir un sueldo después de un período laboral es uno de los motores que obligan a muchos a conseguir un empleo; más te aseguro que no es el único; con un trabajo las personas también buscamos, consciente o inconscientemente otros beneficios.

Si tomamos como referencia la pirámide de Maslow (figura siguiente) sobre la motivación humana, nos damos cuenta que un empleo pudiera no solo satisfacer las necesidades más básicas del ser humano, como son la alimentación, el vestido y la atención médica básica; sino que el empleo también contribuye en buena forma a satisfacer las necesidades de seguridad y de pertenencia. Y en algunos casos, a través del empleo los trabajadores satisfacen también necesidades de estima y hasta autorrealización.

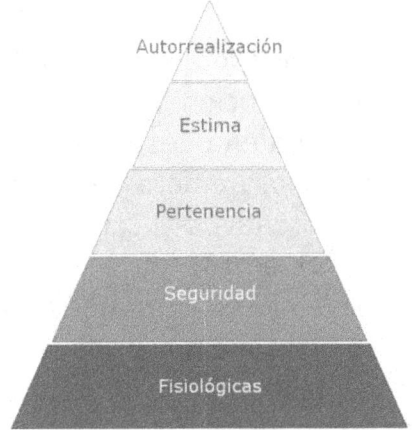

A través de los años, la relación empresa-empleado ha cambiado significativamente.

En el inicio de la era industrial, cuando la contratación se volvió masiva y ser empleado se volvió común; el empleado era visto más como máquina que como persona, y poco importaba su satisfacción en el trabajo; máxime si se trataba de puestos operativos, los que para entonces ya representaban la gran mayoría de los empleos.

Afortunadamente esta percepción hacia el trabajador ha cambiado, con el paso de los años, y poco a poco; las empresas están enfocando esfuerzos a entregar valor al empleado.

En gran medida porque las empresas han notado que tener empleados satisfechos genera empresas más rentables.

Estudios demuestran que empleados con alta satisfacción laboral tiene como resultado:

- empresas con menor rotación de personal y por lo tanto mayor retención del talento y menos costos por iniciación en puestos de trabajo
- empresas con menor número de accidentes
- empleados más creativos y comprometidos con la solución de problemas
- empleados que se adaptan mejor a los cambios y que están abiertos a aportar ideas de mejora
- empresas con mejor reputación entre clientes y la comunidad en general

Tomando en cuenta la definición más popular y aceptada por los expertos en recursos humanos la satisfacción laboral se puede definir como "un estado emocional positivo y placentero resultante de la percepción subjetiva de las experiencias laborales del sujeto" (Edwin Locke – 1969).

Desde esta definición hace ya 50 años; han surgido numerosas investigaciones tratando de encontrar qué es lo que produce, en la mayoría de los casos, esa emoción positiva de los individuos hacia su trabajo.

Regresando a la definición veo dos frases clave: emoción positiva y percepción subjetiva. Lo que me lleva a pensar que tan importante es crear el ambiente para que emociones positivas como seguridad, pertenencia, valía, justicia, satisfacción y empatía surjan en el individuo; como comunicar y hacer notar los esfuerzos que como empresa se hacen para que estas emociones positivas se den.

Basada en mi experiencia, te puedo decir que trabajando en 5 puntos básicos, tendremos en nuestro negocio un buen ambiente laboral y podremos disfrutar de los beneficios que esto conlleva.

1. Reglas claras y justas
2. Resultado esperado definido
3. Retroalimentación positiva que motive a la mejora
4. Capacitación de acuerdo a su puesto
5. Fomentar el trabajo en equipo en beneficio de alguien más.

1. Reglas claras y justas

En el año 2010; en el mundial de futbol de Sudáfrica se disputaba el juego México contra Argentina en octavos de final.
El favorito a ganar en este encuentro era el equipo argentino quienes contaban con el entonces mejor jugador del mundo: Lionel Messi.

Con toda la adrenalina y el entusiasmo que caracteriza este tipo de eventos, el partido inicia al silbatazo del árbitro italiano Roberto Rosetti y su equipo de jueces de línea.
Después de 24 minutos de juego, era difícil definir quién dominaba el partido; los dos equipos estaban preparados y daban todo en la cancha.
Sin embargo un error en el arbitraje, complicó las cosas para el equipo mexicano.

El árbitro italiano Roberto Rosetti marca el primer gol del partido, poniendo el marcador 1-0 a favor de Argentina.
Inmediatamente después y con el objetivo de regocijar a los simpatizantes de este equipo que asistieron al

estadio; las pantallas gigantes transmiten la repetición del gol en donde, para sorpresa de muchos, se pone en evidencia el error de Rosseti.

Carlos Tévez, el autor del gol; estaba en posición fuera de juego al momento de lanzar la pelota a la portería; lo que significa, siguiendo el reglamento del futbol, que el gol no tiene validez y por lo tanto debería ser anulado.

Todos los asistentes al estadio, incluyendo a los árbitros, vieron claramente que marcar el gol como válido, era un error.
Sin embargo, después de un minuto y medio de discusión y a pesar de las evidencias, Rosseti marca el gol como válido y pide que el partido continúe.

¿Cómo crees que afectó esta decisión a los equipos en ese momento? ¿Y a los aficionados? ¿Y al propio árbitro?

Evidentemente los jugadores y la gente en el estadio se desmoronaron al saber que las reglas no se estaban cumpliendo a cabalidad, el desempeño y la motivación del equipo mexicano se vio perturbada. Y no dudo que al mismo Rosetti afectó negativamente esta decisión; pues coincidentemente unos días después de terminado el Mundial 2010, Rosetti renuncia al arbitraje.

***

En toda organización, ya sea deportiva, económica, social o de cualquier otro tipo, la existencia de un reglamento es crucial para que sus miembros trabajen en armonía hacia el cumplimiento de los objetivos para los que fue creada.

Pero de nada vale tener un reglamento si no lo hacemos valer.

De hecho, tener un reglamento y no cumplirlo puede ser tan desmotivador y caótico como no tenerlo.

Un reglamento proporciona seguridad a sus miembros y fomenta que cada integrante del equipo saque su mayor potencial.

Si en nuestra empresa no tenemos reglamento, o el que tenemos no se cumple; el ambiente que se forma indiscutiblemente será de miedo y desconfianza.

¿Qué es lo que debe contener tu reglamento interno?

*Políticas de la empresa

Explicar el **porqué** de la empresa; la misión, la visión y los valores que rigen las decisiones que se tomarán en la empresa

*Acerca de las condiciones laborales

Proceso de admisión, procesos de capacitación, Jornadas de trabajo, tiempo de descanso y alimentos durante el día, días de descanso, inasistencias justificadas, prestaciones con las que se cuenten, procedimiento para el cálculo de bonos y premios, procedimientos que garanticen la seguridad del trabajador

*Acerca de las medidas disciplinarias

Medidas de disciplina en caso de inasistencias injustificadas, falta en productividad, desperdicios o mal uso de recursos de la empresa, falta en los valores dentro de la empresa, acciones que arriesguen la integridad del empleado o de los compañeros.

Conviene agrupar las faltas en leves, medias y graves y señalar en qué ley se apoyarán en caso de alguna omisión en el reglamento.

2. Resultado esperado definido

Recuerdo cuando mi hijo estaba pequeño, era su primer año en preescolar y tenía su primer partido de soccer; era un partido amistoso que se efectuaba apenas unos días después de que se formó el equipo. El entrenador ya les había explicado previamente en qué consistía el juego de una manera muy sencilla.
La mitad del equipo tenía como objetivo meter la pelota en la portería más cercana al entrenador; y la otra mitad debería evitar que el otro equipo metiera la pelota en la portería que estaba más cercana al ayudante del entrenador.
El objetivo estaba claro: meter más goles que nuestro adversario, antes de que suene el silbato de fin de partido

No recuerdo si ganaron o perdieron el juego; lo que si recuerdo es que las mamás asistentes esperábamos caos en la cancha y vimos todo lo contrario; los niños sabían cuál era su papel y se esmeraban por hacerlo de la mejor forma.

Eso es lo que sucede cuando los miembros de un equipo saben lo que se espera de ellos, cuál es la razón por la que están "dentro de la cancha".

Las personas por naturaleza nos esmeramos en hacer las cosas bien; si no fallamos es más

probable que seamos aceptados y reconocidos; lo que es muy atractivo para cualquier ser humano.

Lo que necesitamos que nos digan es qué se espera de nosotros, que es "hacer las cosas bien". Y si a esto le sumamos la adrenalina de saber que tenemos un tiempo límite para hacerlo; lo convierte en, además de atractivo, retador y motivante.

Es por esto, que por más sencilla que parezca tu empresa, si tienes de menos un empleado o pretendes tenerlo, es imprescindible que tengas una descripción de puestos y lo compartas dentro de tu empresa.
Qué debe tener una descripción de puestos:
    *Nombre de puesto y su lugar en el organigrama de la empresa (quién es su jefe directo)
    *Habilidades y valores esperados en la persona
    *Principales actividades (rutinarias, periódicas y eventuales)
    *Principales responsabilidades
    *Principales decisiones que debe tomar según su experiencia en el puesto

Cuando definas las actividades y responsabilidades define también las fechas límite para cumplirlas.

***

Recuerdo cuando comencé a ordenar mi negocio y a hacer la descripción de puestos para las personas que estaban trabajando en ese momento.

Antes de hacer la descripción de puestos; cada local era como la costurera responsable era. Es decir, si la costurera era ordenada, el local estaba ordenado; si la costurera era rápida, el local tenía fechas de entrega cortas para el cliente y era productivo; pero si la costurera era desordenada o tendía a procrastinar; el local se volvía un caos y eso me daba muchos dolores de cabeza.

Lo primero que hice fue tomar tiempos de cada actividad que se hacía en el local; descubrí cuándo tardaba la costurera en atender un cliente, en hacer una bastilla, en poner un cierre, etc. De esa forma establecí una meta de trabajo diario la cual monitoreaba que se cumpliera cada día.
Debo confesar que en un inicio, cuando les comenté a las costureras que tendíamos metas diarias de trabajo que deberían cumplir hubo molestia por parte de ellas; y hubo quienes prefirieron irse de la empresa.

Y aunque por un momento fue caótico poner orden; al cabo del tiempo me ahorré dolores de cabeza y tiempo, tuve menos rotación de personal, mayor eficiencia en los procesos y mejor trabajo en equipo entre costureras.

Ahora hacemos una sesión de inducción para el personal de nuevo ingreso; en donde desde un inicio se le explica a cada miembro, qué se espera de ellos, cuáles son sus metas diarias, semanales y mensuales. Hacerlo así ha traído beneficios considerables al negocio.

3. **Retroalimentación positiva que motive a la acción**

Toastmaster es una asociación de clubes dedicados a mejorar las habilidades de oratoria y liderazgo de sus asistentes; y para ello hace uso de varias herramientas entre la que destaca la retroalimentación.

Después de cada presentación, el orador es evaluado por un compañero del mismo club, quien ofrece una retroalimentación verbal al expositor sobre su desempeño como orador.
Algo que aprendí cuando pertenecí al club es que una buena retroalimentación es aquella que hace ver tanto las áreas de oportunidad, como las virtudes que ya tiene el orador y que debe reconocer y acrecentar.

En todo momento, la retroalimentación debe tener como fin motivar a la mejora, jamás culpar, avergonzar, o causar desanimo en la persona que recibe la retroalimentación.

La técnica que usábamos en Toastmaster para dar dicha retroalimentación le llamábamos la técnica del sándwich; en donde los puntos a favor del orador eran representados por el pan, y las áreas de mejora o las sugerencias de acción correctiva eran representadas por el interior del sándwich.

De esta forma lo que normalmente hacíamos era iniciar la plática con los puntos buenos que vimos en el discurso; después adentrarnos en las áreas de mejora y por último señalábamos las habilidades y cualidades que vimos en el orador que le van a ayudar a vencer los nuevos retos para mejorar su discurso.

Esta técnica me ha servido mucho al momento de retroalimentar al personal que directamente colabora conmigo, te recomiendo usarla.

Primero, inicia y reconoce las buenas acciones que ha llevado a cabo el empleado, esto abre la mente del receptor del mensaje para escuchar lo que viene a continuación.
Lo siguiente es hablar puntualmente sobre las áreas de mejora; evita las palabras absolutas como "siempre" o "nunca" para señalar los eventos que han sucedido y que se deben corregir. Sé objetivo en tu crítica y no señales a las personas sino a los hechos.
Por ejemplo, en vez de señalar a la persona diciendo: "eres un impuntual" señala los hechos en los que se ha incumplido con el horario y las consecuencias negativas que esto trae para todo el equipo. "el martes pasado llegaste 20 minutos tarde lo que hizo que el cliente se fuera sin una respuesta de tu parte"

Y por último termina tu retroalimentación con las habilidades o los esfuerzos que reconoces en la persona que le ayudarán a mejorar su desempeño.

Es importante señalar que las retroalimentaciones deben ser sinceras y objetivas; algo que a veces sucede es que se exceden los halagos, a tal grado que pareciese que se trata de una manipulación y no una retroalimentación.

Ten siempre en mente que el objetivo de la retroalimentación es que la persona receptora salga motivada a tener un buen desempeño, si esto no es logrado; algo en la retroalimentación falló.

4. **Capacitación de acuerdo a su puesto**

Decía Henry Ford: "Sólo hay algo peor que formar a tus empleados y que se vayan; no formarlos y que se queden".

Existe un miedo entre las pequeñas empresas de capacitar a los empleados en su puesto; principalmente porque una vez que aprenden; existe el riesgo de que se vayan con el conocimiento adquirido a instalar su propio negocio, o a trabajar para la competencia.
Sobre esto hablaremos en el capítulo de creación de sistemas; en donde veremos de la importancia de ser algo mayor que una persona operando el negocio y cómo lograrlo.

En este capítulo; nos centraremos más bien en los beneficios de capacitar al personal y de la mejor forma de hacerlo.

Cuando pensamos en capacitación la mayoría de las veces pensamos en costo, más que en beneficios. Pero **invertir en capacitación es como invertir en publicidad: mientras esté diseñada de forma correcta; siempre será una inversión y no un costo.**

Beneficios de capacitar al personal:
- Fomenta el dominio del puesto y la posibilidad de crear expertos en quien el cliente confíe
- Reduce costos por errores

- Eleva el nivel de satisfacción de los empleados, lo que se traduce en menores costos por rotación de personal
- Mejora la comunicación dentro de la empresa y evita conflictos
- Facilita la obtención e implementación de ideas de mejora dentro de la empresa
- Promueve el desarrollo personal y la formación de líderes para la empresa
- Facilita la comprensión de las políticas de la empresa y promueve una actitud de lealtad hacia la misma.

¿Cómo capacitar al personal?

En mi negocio, cuando dejé de hacer las actividades operativas de coser, planchar o bordar prendas; empecé a cuestionarme en qué era mejor invertir mi tiempo; y descubrí que invertir mi tiempo en capacitar era de las inversiones más rentables que podía hacer.

Hay dos tipos de capacitaciones, una es la informal y otra es la formal.

La primera consiste en estar en constante comunicación con los empleados y acompañarlos en ciertas actividades para guiarlos y orientarlos en la tarea. Contestar sus preguntas con respuestas que los ayuden a entender el porqué de las decisiones; los criterios que se utilizaron y los valores implicados en cada procedimiento o decisión que se toma. Se trata de aprovechar cada momento para transmitir información que los ayude a crecer y empoderarse dentro de su puesto.

La segunda, la capacitación formal; consiste en organizar espacios de tiempo y lugar para orientar y educar al trabajador. No es necesario que las capacitaciones estén dirigidas por personal externo; de hecho la mayoría de las capacitaciones se pueden ofrecer con el personal dentro de la empresa.

Te recomiendo involucrar a las personas dentro de tu empresa que son vistos como expertos, para capacitar al resto del personal. Esto te permite crear también relaciones de apoyo mutuo entre el personal.

5. Fomentar el trabajo en equipo en beneficio de alguien más.

Este quinto y último punto de esta lista; pareciera ser el resultado de los anteriores 4 puntos.
Si tenemos reglas claras, perfil de puestos definidos, retroalimentación que motive a la mejora y capacitación constante; es muy probable que logremos que las personas trabajen en equipo.

Sin embargo, en este punto me gustaría ir más allá de la misma empresa. Este punto trata de lograr, que a través del trabajo, el empleado logre su sentido de pertenencia, vida con significado y trascendencia.

Aquí es uno de los mayores retos de las pequeñas empresas; pero quienes lo logran, obtienen valiosos beneficios.

Consiste en hacer actividades en grupo fuera de la empresa, que tenga como resultado la integración de los miembros y fomente la capacidad de servicio hacia los demás.

Pueden ser desde pequeñas participaciones en eventos organizados por alguien más en beneficio de un tercero; hasta organizar actividades propias con el mismo fin.

En la empresa que dirijo; desde hace varios años implementamos una actividad que llamamos Dr Teddy. Esta actividad consiste en recolectar para luego donar "muñecos de peluche".
Los niños y jóvenes, hijos de los clientes del negocio, llevan al negocio los muñecos de peluche que ya no usan y los donan escribiendo una pequeña nota en donde describen el nombre del muñeco, del niño donante y las actividades en que les gustaba hacer juntos.
Una vez que nosotros recibimos los muñecos, los reparamos y lavamos hasta dejarlos en perfecto estado y desinfectados; para luego, el día del niño, llevarlos a escuelas, casas hogares o asociaciones de niños con necesidades económicas y donarlos.

Muchas de las actividades que implican reparar, lavar y llevar los muñecos a su destino; se hacen en horario no laboral; sin pago de tiempo extra. Es decir, cada uno de los empleados dona su tiempo y sus habilidades para beneficio de los niños. El resultado que se obtiene, es, además de la alegría de muchos niños; la satisfacción y la unión entre empleados por participar juntos en una noble causa.

***

Implementando estos 5 puntos te puedo asegurar que notarás un cambio importante en la satisfacción y desempeño de tus colaboradores.

Hay otros puntos que también son muy valorados actualmente por los empleados; y que te sugiero tener en cuenta al momento de definir reglamentos, sueldos, prestaciones, programas de capacitación y puestos de trabajo.

Actualmente los empleados valoran:

- Sueldos competitivos
- Horarios flexibles que les permitan tener un balance entre vida personal y profesional
- Desarrollo de habilidades de liderazgo
- Pertenecer a una organización que aporte un beneficio a la sociedad
- Pertenecer a una organización que destaque por tener productos o servicios de calidad
- Pertenecer a una empresa que utilice la tecnología en sus procesos internos, no burocrática
- Poder desglosar proyectos de largo plazo en proyectos de corto plazo
- Tener premios por desempeño y resultados dentro de la empresa (bonos económicos, tardes libres, tickets para alguna actividad social, etc.)

Para evaluar a tu empresa y el valor que aporta a empleados y/o colaboradores, pregúntate:

1. ¿Mis empleados conocen el porqué de mi empresa?

2. ¿Los acuerdos con mis empleados y/o socios están en papel y están firmados por los involucrados?
3. ¿Tenemos un manual o reglamento interno de trabajo conocido por todos?
4. ¿Tenemos perfiles de puesto claramente definidos?
5. ¿El personal cuenta con los recursos necesarios (maquinaria, herramientas, equipo, tecnología y capacitación) para realizar su trabajo y cumplir con las expectativas del cliente y los estándares de la empresa?
6. ¿El valor económico que recibe el empleado está dentro de los estándares que se manejan en mi región? (sueldo, bonos o premios y prestaciones)
7. ¿Mis empleados saben lo que se espera de ellos?
8. ¿Mido y premio los resultados positivos de mis colaboradores?
9. ¿Retroalimento a mis empleados periódicamente?
10. ¿En mi empresa se viven y fomentan los valores de verdad, justicia, equidad y transparencia?
11. ¿La empresa participa en actividades eventuales que den un beneficio a la sociedad?

Generar valor a Inversionistas

El valor generado al inversor se traduce en utilidades del negocio que hagan que en determinado tiempo, la inversión hecha al negocio se recupere y después de esa recuperación, el negocio siga generando ingresos sostenidos y crecientes a sus inversores.

Quizá iniciaste tu negocio con ahorros propios, o tal vez pediste un préstamo al banco para iniciar el negocio; o algún inversor confió en tu idea de negocio y te apoyó económicamente esperando recuperar con creces su inversión. Quizá tienes socios que han aportado capital o tal vez tu familia o alguien muy cercano a ti te apoyó económicamente para iniciar tu negocio "sin esperar nada a cambio"

En cualquiera de los casos, cualquiera que haya sido tu situación al arrancar tu empresa, para sobrevivir, para crecer y para generar valor a los inversores, tu negocio necesita "ser negocio".

Es decir, con lo que tu empresa genere de las ventas, se deberán pagar todos los gastos propios de la empresa (incluyendo tu sueldo si dedicas tiempo a tu negocio) y lo que resulte como diferencia entre esos ingresos por ventas menos los gastos totales, es la utilidad del negocio.

Si acumularas esa utilidad en una cuenta bancaria, al cabo de cierto tiempo, deberás tener de vuelta en la cuenta, la misma cantidad de dinero que utilizaste para iniciar el negocio; a esa cantidad de tiempo se le llama Retorno de Inversión.

Además de un Retorno de Inversión atractivo, el inversionista valora el crecimiento de la empresa y los proyectos a futuro que hagan que la empresa se adapte a los cambios del mercado, que sea fuerte y no se vea amenazada fácilmente.

Si fuera un partido de futbol, el inversionista buscaría no solo meter goles, sino evitar que le metan goles.

Para asegurar un beneficio a los inversionistas el emprendedor debe trabajar en:

- Manejar de forma adecuada y transparente los estados financieros del negocio
- Contar con un producto o servicio diferenciado y con aceptación en el mercado
- Tener un plan de mercadotecnia para incremento de ventas
- Contar con un sistema de asignación de precios adecuado
- Contar con un sistema de control de gastos y presupuestos
- Hacer un análisis FODA del negocio para conocer Fortalezas, Oportunidades, Debilidades y Amenazas a las que se enfrenta la empresa y actuar en consecuencia
- Contar con instrumentos de protección del negocio como seguros y sindicatos blancos.

Para conocer cómo estás en relación al valor que entrega tu empresa a su inversor pregúntate:

1- ¿Llevo un control exacto de ingresos y gastos y conozco la utilidad del negocio real al final de cada mes?
2- ¿Manejo los gastos en base a presupuesto?
3- ¿Establezco metas de ventas y se avanza hacia ellas?

4- ¿He realizado los procesos legales para asegurar la supervivencia del negocio? permisos, contratos, etc.
5- ¿La empresa cumple con todos los requisitos fiscales impuestos por la autoridad?
6- ¿Hay una rendición de cuentas de forma transparente a inversionistas cada determinado tiempo?
7- ¿Cuento con seguros o instrumentos que protejan la inversión puesta en tu negocio?
8- ¿Las proyecciones de utilidades estimadas al inicio del proyecto se han cumplido?
9- ¿Cuento con planes permanentes para asegurar un aumento en las utilidades cada período?

Generar valor a la Sociedad

Generar valor a la sociedad es contribuir a que la comunidad en la que la empresa se desarrolla reciba un beneficio real y apreciado por la sociedad.

Hay varias formas en las que el empresario puede trabajar para crear un impacto positivo en su comunidad.

- Participando y promoviendo en prácticas de Comercio Justo.
- Ofreciendo productos o servicios que beneficien directamente a la comunidad.
- Participando en actividades que contribuyan a mejorar la comunidad en la que se desarrolla.
- Haciendo donativos económicos o en especie a asociaciones de beneficencia social.

Analicemos cada uno de ellos:

Participando y promoviendo prácticas de Comercio Justo

El término comercio Justo se empezó a emplear en 1964, pero desde 1841, algunos pensadores ya promovían este tipo de prácticas. Prácticas que actualmente han sido promovidas por diferentes organizaciones no gubernamentales y la Organización de las Naciones Unidas.

Los principios que rigen el comercio justo son 10:

1. Oportunidades para productores desfavorecidos
2. Transparencia y responsabilidad
3. Prácticas comerciales justas
4. Pago Justo
5. No al trabajo infantil o al trabajo forzado
6. No a la discriminación y Si a la equidad de género y a la liberta de asociación
7. Buenas condiciones de trabajo
8. Desarrollo de capacidades
9. Promoción del Comercio Justo
10. Respeto al medio ambiente

Lo que el Comercio justo impulsa es que las empresas empleen estas prácticas y además las promuevan dentro de toda su cadena de suministros.

Es decir; que busques que tus proveedores y distribuidores conozcan, practiquen y sean portavoz de estos principios para lograr que todo el comercio que se hace en una comunidad sea llevado de forma ética y justa.

Ofreciendo productos o servicios que beneficien directamente a la comunidad.

Cuando descubes el ***porqué*** de tu empresa, descubres la forma en la que ésta puede impactar positivamente a la sociedad. Trabajando congruentemente con tu ***porqué*** podrás dejar, como empresa y como líder una huella positiva en alguien más.

Tomemos como ejemplo el caso Bolsa Rosa; una empresa Regiomontana dedicada a ser vínculo entre el talento, principalmente femenino, con empresas que cuentan con puestos en trabajo flexibles.

Bolsa Rosa nació basada en la premisa de que existen muchas mujeres preparadas profesionalmente que dejan sus trabajos porque en determinado momento de su vida, tienen que elegir entre ser madres o continuar desarrollándose profesionalmente. Mujeres que no tenían la opción de llevar las dos actividades a la par encontrando el balance entre vida personal y vida profesional.

Bolsa Rosa tiene como propósito: "Mejorar vidas revolucionando el mundo laboral". Teniendo como inspiración este propósito, Bolsa Rosa ha podido impactar positivamente en la vida de muchas mujeres y de sus familias. Ofreciendo a madres de familia la posibilidad de seguir cumpliendo con sus actividades familiares mientras se desarrollan profesionalmente y proveen económicamente a sus familias.

Y por otra parte; ha podido acercar a las empresas a un mercado laboral, al que anteriormente no tenía acceso; de mujeres preparadas profesionalmente, con estudios hasta doctorales que están dispuestas a trabajar por medias jornadas o en oficinas dentro de sus casas.

Con este propósito, por el mismo hecho de ofrecer sus servicios como empresa, Bolsa Rosa va dejando un impacto positivo en la sociedad en la que se desenvuelve.

Participando en actividades que contribuyen a mejorar la comunidad en la que se desarrolla

Existen ya asociaciones sin fines de lucro que han detectado alguna necesidad o problema que afecta a la sociedad, y que centran sus esfuerzos en combatir dicho problema.

Para esto, estas asociaciones organizan actividades con el fin de recabar recursos, e invitan a otras empresas a participar. De esta forma las empresas invitadas también forman parte de la causa del impacto positivo para la comunidad.

El caso de los supermercados participantes en "el redondeo" es un ejemplo que pudiera ser muy familiar.

"El Redondeo" Consiste en que a través de los supermercados, las organizaciones filantrópicas reciben donativos directamente por parte del cliente; es decir, el supermercado es solamente un intermediario y un administrador de los recursos que se recaban para beneficio de la asociación que organiza el redondeo.

Unirnos como empresa a este tipo de actividades hace que la empresa genere un valor en la sociedad con menos esfuerzo que organizando sus propias actividades.

Haciendo donativos económicos o en especie a causas filantrópicas.

Esta es una práctica también muy usada por empresas; lo más común es que las pequeñas empresas realicen donaciones en especie a alguna causa social o a alguna asociación filantrópica.

Me es familiar ver que restaurantes participen donando alimentos a casas hogares o asociaciones dedicadas a alimentar a personas en estado de vulnerabilidad. También es común ver a tiendas de conveniencia donando despensas, o escuelas otorgando becas a personas que las pudieran aprovechar.

Es decir, la empresa puede entregar en especie un mayor valor al que pudiera entregar con dinero.

Beneficios de que tu empresa impacte positivamente a la sociedad

- Contribuye a la creación de una buena marca
- Es atractiva para socios y empleados con deseo de servir
- Los clientes afines a tu causa, preferirán tu marca que la de la competencia
- La generosidad promueve un eficiente manejo de recursos
- Se promueven dentro de la empresa, a través del ejemplo, los valores de servicio y compromiso
- Crea sentido de pertenencia y trascendencia en las personas que laboran en la empresa

- Contribuyes a crear un mundo mejor

Para saber si tu empresa está generando valor a la sociedad en la que vives pregúntate:

1. ¿El **porqué** de mi empresa impacta positivamente a mi comunidad?
2. ¿Mi empresa cumple con los principios de Comercio Justo?
3. ¿Apoyo en alguna forma a alguna organización filantrópica?
4. ¿Mi empresa puede servir de ejemplo para inspirar a otros emprendedores?
5. ¿Mi forma de actuar como empresa es justa y ética?

***

Si ya tienes una empresa operando con una cartera de clientes, es que ya generas valor; lo importante es evaluar que ese valor impacte positivamente a los 4 actores que están involucrados en tu organización.

1. Clientes
2. Empleados
3. Inversionistas
4. Sociedad

Al final de cada sección de este capítulo te has topado con una serie de preguntas que pudieron haber tenido un SI o un NO como respuesta.

No te preocupes si a muchas de ellas respondiste con un NO, esto es porque en un negocio, siempre hay camino por andar.

El objetivo es ser como un reloj.

¿Cómo es un reloj?

Constante en el andar y enfocado en el presente. No se estresa por las horas que faltan por marcar y tampoco se queja de todo el tiempo que ya ha marcado.

El reloj, simplemente se centra en marcar a la perfección el segundo que está transcurriendo y de esta forma, ha marcado siglos y vidas completas.

Ahora que ya conoces tu punto de partida y los puntos en los que deberás enfocarte; los capítulos siguientes te brindarán información útil para que traces un plan que te permita avanzar tal cual lo hace el reloj.

Recuerdo muy bien en una ocasión que estaba platicando con mi primer mentor, Braulio Cárdenas, hace ya varios años; estaba desanimada y frustrada porque sentía que había muchas cosas por hacer y poco avance; quería correr cuando aún era tiempo de caminar.
Empezaba apenas a ordenar el negocio y a sentar las bases que lo pudieran sostener en el crecimiento y le pregunté a Braulio:

-¿Cuándo llegará el momento en que llegue a tener todo tan ordenado que me olvide por completo del negocio y aun así siga funcionando?

A lo que sereno me contesto: - Nunca

Al ver mi cara de frustración me explicó:

-hazte a la idea de que un negocio no es una carrera de velocidad, sino de resistencia. Una vez que ordenes tu negocio, encontrarás más oportunidades de crecer y de innovar, querrás ir por más; buscarás quizá diversificarte o especializarte; no lo sé. Lo que si te puedo asegurar es que en el momento en que te estanques, en ese momento empezará el descenso de tu negocio.

Cuando escuché la palabra Nunca, no niego que quería tirar la toalla; mal interpreté pensando que nunca iba a salir de ese pozo de desorden y estancamiento.

Luego y con el tiempo comprendí su mensaje:

> **En este camino de emprender tanto el negocio como el emprendedor van creciendo, escalando, explorando nuevas oportunidades, nuevos aprendizajes y por ende desarrollándose.**

Todo este proceso produce una transformación positiva y de crecimiento en muchos sentidos; es un proceso que sin duda se puede disfrutar.

Es por esto que estoy convencida de que el camino de emprender es un camino muy enriquecedor.

Capítulo 3

Clave 3. Liderazgo

Sé el líder de tu empresa no solo el dueño

> *"El hombre no puede descubrir nuevos océanos a menos que tenga el coraje de perder de vista la costa."*
> *- Andre Gide*

Tener una empresa implica formar un equipo de trabajo, bajo cualquiera de las múltiples modalidades que puede existir. Puede ser un equipo de personas contratadas bajo sueldo, en sociedad, por honorarios o proyecto, comisionistas, distribuidores, etc.

Metafóricamente hablando, la empresa es como un barco y el propietario de la empresa se convierte en El Capitán del barco.

No sé en dónde o cuándo exactamente escuché por primera vez esta expresión; pero en mi caso, saberme capitán del barco ha sido un factor importante al tomar el liderazgo de mi empresa.

En un barco, el capitán es la máxima autoridad en la nave; es el responsable de que tanto el barco como la tripulación, los pasajeros y el cargamento lleguen a su destino de forma segura, para ello el capitán se hace cargo de organizar, coordinar y controlar las actividades que se realizan a bordo apoyado por el personal que de forma directa e indirecta tiene a cargo.

El capitán no es necesariamente el marinero con mayor experiencia, pero si se espera que sea el que tiene mejores habilidades al mando.

El capitán sabe que la mejor forma de mantener un barco a salvo es no zarpando; sin embargo no está de acuerdo en que una nave que nació para estar en el mar permanezca anclada, evitar que su barco navegue va contra su naturaleza.

El capitán sabe que es necesario que el barco emprenda viajes para que él y su tripulación puedan conocer nuevas tierras y nuevos mares que los reten y les den satisfacción; que los unan y los ayuden a sacar sus mejores habilidades que pondrán al servicio de los que están esperando que el cargamento que ellos trasladan llegue a su destino.

También sabe que la responsabilidad del barco es sólo suya, que en mares tranquilos o alebrestados se puede apoyar en otras personas para tomar decisiones, pero la decisión final, en todo momento, será en un 100% su responsabilidad.

También el capitán está de acuerdo en que durante los viajes, la tripulación puede cambiar; algunos miembros del equipo podrán abandonar el barco y otros nuevos se unirán; pero durante el viaje el capitán siempre permanecerá a bordo, no abandonará el barco antes de llegar a un destino seguro ni abandonará a la tripulación a su suerte; y bajo estas circunstancias siempre actuará pensando que cuidar al barco, es cuidar a todos los que dependen de él.

Esta analogía de sentirme capitán del barco me ha ayudado en innumerables ocasiones. Saberme responsable de mi empresa y actuar para mantenerla a salvo ha sido clave en momentos en los que he pensado abandonar, o en los que quisiera tomar decisiones "fáciles" pero que no benefician a la totalidad del equipo.

También me ha ayudado a darme cuenta que debo desarrollarme en las áreas que me ayuden a administrar mejor mi empresa. Y el tema del liderazgo es, sin duda, un aspecto que como dueños de negocio debemos desarrollar.

Una empresa sin líder está condenada al fracaso como un barco sin capitán está condenado al naufragio.

***

¿Qué es SER líderes?

El liderazgo es la capacidad que pueden tener las personas para influir en un grupo con la finalidad de juntos alcanzar un objetivo que conlleve al bien común.

Y como muchos autores lo han asegurado, el liderazgo se puede aprender y se puede desarrollar. No es un talento o una característica que es para unos cuantos, todo el que quiera aprender y desarrollarse como líder lo puede lograr.

Y todos en algún momento de nuestra vida tenemos la oportunidad de ser líderes de algún proyecto y también de ser seguidores de algún otro líder.

Tanto el líder como el seguidor son papeles que no son excluyentes entre sí, es decir, muchos de las personas que son líderes de iglesias, grupos de voluntariado, organizaciones o empresas al mismo tiempo pueden ser seguidores en otro tipo de actividades u organizaciones; difícilmente una persona es líder de todos los proyectos en los que participa a lo largo de su vida.

Pero las personas que han trabajado en mejorar su liderazgo son las que logran los resultados más memorables y los que han logrado que sus seguidores alcancen niveles de desarrollo superiores.

¿Qué HACEN los buenos líderes?

En primer lugar todo buen líder tiene un objetivo claramente definido

Es capaz de hacer un plan para cumplir los objetivos y tiene la disciplina y el valor para convertir el plan en ejecución

Desarrolla habilidades de comunicación que le permiten transmitir la visión, informar del plan y llevar un seguimiento; así como escuchar a su equipo y lograr hablar un mismo idioma

El buen líder busca el bien para sus seguidores, y logra desarrollar a más líderes dentro de su equipo

Su comportamiento refleja los valores que profesa; es decir, es congruente en su actuar y su hablar.

Posee inteligencia emocional, siendo capaz de manejar sus emociones y de empatizar y guiar a sus seguidores a través de emociones positivas a pesar de los conflictos o tropiezos del camino. Reconoce el poder de las emociones y hace buen uso de ellas.

El líder empresarial también es innovador; busca constantemente desarrollar diferenciadores y mejorar procesos para beneficio de la organización.

El líder es íntegro y responsable; no habla mal de los otros miembros del equipo, no toma el papel de víctima y es digno de confianza.

¿Cómo logramos desarrollarnos como líderes?

Como mencioné anteriormente, cualquier persona que desee, puede convertirse en un buen líder y obtener los resultados esperados que benefician a un grupo de personas.

Para ello se requiere de práctica y disciplina; podemos aprender muchas cosas en la teoría, pero es la práctica la que nos formará como líderes y con el tiempo podremos gozar de los beneficios de ser un buen líder.

Acerca del liderazgo encontrarás mucha información de diferentes fuentes y autores.

Y entre tanta información es normal que perdamos de vista lo verdaderamente importante; o que nos centremos en trabajar con diez o más puntos al mismo tiempo y terminemos cansados y frustrados regresando a prácticas que sabemos que no nos llevarán a nuestro objetivo.

Es por eso, que en este espacio nos vamos a centrar en trabajar en 5 puntos solamente que te permitirán SER un buen líder.

1. Formular una visión clara
2. Predicar con el ejemplo
3. Comunicar de manera asertiva
4. Enfocarse en resultados

5. Formar y trabajar en equipo

1. Formular una visión clara

Ser líder implica dirigir a un grupo; para ello será imprescindible definir cuál será el destino y en cuánto tiempo lo alcanzaremos.

Siguiendo con la analogía de capitán de barco; sería muy difícil calificar como bueno, a un capitán que al momento de zarpar le diga a sus tripulantes: "no tengo ni idea de hacia dónde nos dirigimos; pero ustedes pongan a andar este barco y ya veremos qué pasa". Esta sería la más desmotivadora instrucción que le podemos dar a un equipo de trabajo y sin embargo hay muchos dueños de negocio que, utilizando otras palabras, la repiten constantemente.

¿Pero por qué no podemos darle a nuestro equipo una visión de un destino?

Existen 3 principales motivos:

- Por miedo al fracaso;
- por miedo al compromiso; o
- porque no tenemos una visión del negocio claramente definida

Cualquiera que sea el motivo; la única forma de lograr tener una visión es hacer el esfuerzo de pensar y dedicarle tiempo para clarificarla y definirla; estando convencidos que sólo teniendo una visión clara podemos dirigir a nuestro equipo.

***

En el Capítulo 1 hablamos del Círculo de Oro, en él veíamos la importancia de conocer el **porqué** de nuestra empresa, es decir la razón de existir o propósito.

También veíamos que partiendo del **porqué**, es más fácil definir **qué** hará la empresa y **cómo** se hará.

Si asociamos estos términos del Círculo de Oro a los de planeación estratégica de autores como Peter Drucker podemos ver que:

El **porqué** es el propósito de la empresa. Su razón de ser; por lo tanto es permanente y no cambia con el tiempo.

El **qué** y el **cómo** son la misión de la empresa.

La misión de una empresa hace referencia a la forma o instrumento que utilizaremos para alcanzar nuestro propósito.

Esta misión puede cambiar con el tiempo; se ve afectada por la madurez que va alcanzando la compañía y los movimientos del mercado. Su duración por lo general va de los 5 a los 10 años

Y la Visión es un objetivo a alcanzar en el largo plazo; es la forma en la que nos proyectamos en un futuro.

Por ejemplo para la empresa Wal-Mart

Propósito: Contribuir a mejorar la calidad de vida de las familias de nuestras clientas

Misión: A través de nuestras tiendas físicas y en línea, ofrecer a nuestros clientes y socios mercancías de calidad, amplia variedad de productos, excelente servicio y precios bajos todos los días.

<u>Visión</u>: Convertir a Wal-Mart en la mejor y más grande empresa detallista de todo el mundo.

Sabiendo qué es una Visión; <u>es momento de trazar la visión de tu negocio.</u>

***

Partiremos de una visión a largo plazo; imagina tu negocio dentro de 15 años. Por el momento no pienses en "cómo lo lograré", sólo en "qué deseo lograr" que de lograrse, conlleve a un beneficio grupal.

No pienses en las personas que actualmente te acompañan en tu empresa; muchas de ellas no estarán para ese entonces; despersonaliza la visión.

Algunas de las preguntas, que resolviendo, te pueden dar pautas para formular tu visión son:

- ¿En qué se puede convertir mi empresa dentro de 5, 10 y 15 años?
- ¿Qué participación de mercado tendrá?
- ¿A cuántas personas podrá impactar?
- ¿Qué servicios ofrecerá?
- ¿Cómo estará mi empresa en relación a la competencia?
- ¿Qué característica deseo que la distinga del resto de empresas de tu ramo?
- ¿Existe algún premio o reconocimiento público, que al trabajar para obtenerlo, convierta a mi empresa en lo que deseo que sea?

- ¿Existe actualmente alguna empresa modelo que desee imitar?

Al redactar tu visión; deberás redactarla en positivo; con un lenguaje sencillo y en muy pocas líneas. Esto facilitará darla a conocer y memorizarla.

La visión de tu empresa debe ser algo que te enorgullezca alcanzar y vaya de acuerdo a tus valores personales. Al leerla debe producir en ti emoción y una mezcla de entusiasmo y de nervio por el reto por el que estarás luchando.

Una vez formulada tu visión será más fácil definir el rumbo e ir marcando objetivos anuales, semestrales, trimestrales y mensuales que te acerquen paso a paso a tu visión.

2. Predicar con el ejemplo

Dicen que la gente puede olvidar lo que dices, pero que difícilmente olvidarán lo que eres.

Esta frase es muy cierta y tratándose del líder con mayor razón; el líder siempre está en la mira y tiende a ser imitado por sus seguidores; por lo que debe estar atento a sus acciones. El líder se convierte en el modelo a seguir.

¿Qué es lo que las personas esperan del líder?

En encuestas que se han hecho sobre liderazgo, la respuesta más mencionada a la pregunta ¿qué buscas en un líder? es: que sea confiable.

Confiabilidad se refiere a que el líder sea congruente con lo que piensa, dice y hace, y que sus pensamientos, discursos y acciones estén fundamentados en valores de integridad y respeto mutuo.

¿Cómo puedo convertirme en el líder confiable que mi equipo espera?

Define cuáles son tus valores personales y defiéndelos por sobre cualquier cosa. Sé predecible. Que la gente sepa que no estás dispuesto a fallar en tus valores.

Cuando selecciones tus valores, piensa en cómo quisieras que fueran tus seguidores. A veces es más fácil descubrir lo que las personas esperan de uno, definiendo lo que uno espera de las personas.

Si deseas ser un líder que destaque de entre los demás y al cual su equipo se sienta orgulloso de seguir deberás adquirir los siguientes valores:

- Honestidad
- Respeto
- Responsabilidad
- Espíritu de servicio
- Compromiso
- Humildad
- Justicia
- Generosidad

3. Comunicar de manera asertiva

Cuando eres líder de tu empresa va a ser muy importante comunicarte con tu equipo de trabajo, una buena comunicación hará que el equipo esté integrado y camine hacia un propósito compartido.

Es importante que como líder comuniques: la visión de la empresa, los valores que rigen las decisiones empresariales, los éxitos alcanzados, los problemas que se enfrentan, los aprendizajes obtenidos; que des aliento en los momentos de turbulencia así como reconocimiento por los logros del equipo.

Que tú como líder, tengas habilidades de comunicación también fomentará la comunicación entre miembros del equipo y la comunicación del equipo hacia ti; por lo tanto, será de suma importancia que también trabajes con tu habilidad para escuchar.

Como líder, te vas a enfrentar a situaciones críticas de negociación con equipos de trabajo, con clientes o con proveedores; en este tipo de situaciones; tener habilidades de comunicación asertiva te pueden ayudar a obtener mejores resultados.

La comunicación asertiva se refiere a expresar y escuchar manteniendo una actitud personal positiva y de respeto; en donde no se descalifique al interlocutor ni se busque el conflicto. En la comunicación asertiva predomina la empatía y la sinceridad.

No hay que confundir esta comunicación con ser condescendiente para evitar el conflicto. En la comunicación asertiva se dice todo lo que se debe decir, sin temer a la reacción del interlocutor; pero se busca decir de la mejor forma para evitar el conflicto.

Algunas recomendaciones para tener conversaciones efectivas en momentos cruciales son:

- Busca el lugar y el momento correcto (prudencia)

- Inicia la conversación hablando sinceramente y encontrando un objetivo común que pudieran tener ambas partes. (sinceridad y empatía)
- Encuentra las palabras correctas para expresar lo que verdaderamente quieres decir (elocuencia)
- Mantén el control en todo momento, se consciente de que solo tú eres el responsable de tu reacción; y si tu interlocutor se altera trata de indagar el miedo que está detrás de esa reacción y descubrir la forma de erradicarlo.(Control y respeto)
- Busca concluir en un acuerdo que se convierta en acción (negociación y tolerancia)

4. Enfócate en resultados

Este punto es muy sencillo; si los resultados esperados no llegan, difícilmente el equipo se mantendrá motivado.

Algunos autores se han enfocado tanto en el líder inspirador, que las personas se olvidan por un momento de la importancia de cumplir los objetivos; siendo éstos los que hablan por sí mismos de la calidad del líder.

Lo vemos en cualquier deporte; si el coach no alcanza el resultado, debe remplazarse. De nada vale el discurso inspirador en los vestidores, si cada vez que el equipo sale al campo no logra vencer a su rival. La inspiración debe ir acompañada de estrategia, planes, exigencia de resultados, consejos, trabajo en equipo e innumerables intentos de alcanzar la meta.

Esto no quiere decir que debamos ser perfectos; sino que debemos ser líderes que planeen, den seguimiento, analicen resultados y detecten si es necesario ajustar el rumbo para alcanzar el destino.

Para obtener buenos resultados te recomiendo:

- Hacer un plan y dividirlo en objetivos pequeños que puedas medir y alcanzar en plazos cortos.
- Enfocar los esfuerzos en el 80/20. Hacer el 20% de las acciones que te llevarán a alcanzar el 80% de los resultados
- No procrastinar, ni permitir que tu equipo lo haga.
- Medir y monitorear el desempeño.
- Capacitarte y pedir consejo a un experto en los momentos de duda o estancamiento.
- Enfrentar los problemas encontrando causas y modificando acciones para evitar que se repitan.
- Celebrar cuando alcances el resultado. Y con celebrar no me refiero a hacer la gran fiesta; puede ser solamente darse entre todos aplausos de reconocimiento que les de aliento para valorar el esfuerzo realizado, pensar en otra meta; y desear alcanzarla.

5. Forma y trabaja en equipo

Seleccionar a las personas indicadas; es sin duda, el mejor arranque para formar un buen equipo. Elegir a los miembros de nuestro equipo en función de su actitud y sus habilidades más que de los conocimientos técnicos con los que cuentan.

Pero una vez que has formado un equipo; ¿cómo hacer que trabajen en conjunto?

En el capítulo 2 veíamos la importancia de cumplir con 5 puntos básicos para tener empleados satisfechos que fueron:

1. Tener reglas claras y justas
2. Resultado esperado definido
3. Retroalimentación positiva que motive a la mejora
4. Capacitación de acuerdo a su puesto
5. Fomentar el trabajo en equipo en beneficio de alguien más.

Estos 5 puntos son cruciales para tener un buen equipo de trabajo; pero en este capítulo te daré otros 4 consejos que llevar a la práctica en el día a día que te darán excelentes resultados:

- Apoya las ideas de tus miembros y dales su reconocimiento.
- Delega responsabilidades y fomenta el compromiso.
- Sé flexible en los detalles mientras no pongas en riesgo el resultado.
- Haz saber a tu equipo que puede contar contigo; sé cercano en vez de inalcanzable.

***

Una vez que decidas ser líder y hagas lo que los líderes hacen verás no solamente una consolidación de tu equipo de trabajo, sino una transformación en tu forma de ser y pensar que impactará positivamente todas las áreas de tu vida.

Capítulo 4

Clave 4. Dinero

Toma el control de tus finanzas y las de tu negocio

*No es lo que tienes,
sino cómo usas lo que tienes,
lo que marca la diferencia.
- Zig Ziglar*

Las Finanzas del emprendedor

En esta primera parte veremos las finanzas del emprendedor y partiremos del concepto de que para hablar de finanzas es necesario tener en cuenta algunos conceptos que estaremos mencionando en este capítulo.

Las definiciones que aquí manejaremos, quizá disten de lo que tu contador o libros académicos te han dicho; por lo mismo considero importante dedicarles unas hojas en este libro; nos permitirá hablar un mismo idioma.

a) Ingresos

Es todo **el dinero que entra a tu bolsillo**, periódicamente o eventualmente

Hay dos tipos de ingresos:

- **Ingreso Directo**

Es el dinero que recibes producto del tiempo y esfuerzo que le dedicas a una determinada actividad remunerada.

El típico ejemplo es el empleo; las personas rentan su tiempo a una empresa y en función de este tiempo ellos reciben un salario; aquí no importa si estás en la parte más alta o más baja del organigrama. Así ganes el salario mínimo o 1000 veces el salario mínimo; mientras seas empleado tus ingresos son directos porque en el momento en el que ya no trabajes para la empresa, el ingreso dejará de llegar.

La característica principal de este ingreso es que si trabajas obtienes ingresos, si no trabajas el ingreso ni se aparece.

Algunos emprendedores que son autoempleados o freelancers aún se encuentran en la etapa de generar ingresos directos, es decir; si ellos trabajan obtienen un pago; y si por motivos de salud o de placer deciden no trabajar; en esos días, semanas o meses no obtendrán ingresos.

Obtienen ingresos activos todos los emprendedores que no tienen sistemas automatizados o que no cuentan con un equipo de colaboradores; y prefieren trabajar solos. Algunos de los que conozco son fotógrafos, carpintereos, pasteleras, electricistas, plomeros, costureras, dueños de papelerías, dueños de tiendas de conveniencia, choferes de UBER, doctores, dentistas, veterinarios, conferencistas, coaches y otros más.

- **Ingreso Residual o Ingreso Pasivo**

Por otra parte, el ingreso residual o pasivo es el ingreso que se genera a través de un producto o servicio que genere ingresos de forma automática.

El típico ejemplo es la casa en renta: mientras tengas inquilino que esté pagando renta, el ingreso va a llegar a tu bolsillo sin necesidad de que tú trabajes activamente para ganarlo; otros ejemplos son las patentes que te dan un porcentaje de las ganancias generadas por el uso de esa patente; las regalías por franquicia, las descargas de una aplicación para teléfonos móviles, las regalías por libros, guiones, fotografías, cursos y por su puesto un negocio sistematizado que trabaje sin necesidad de que el dueño esté presente.

b) Egreso

Todo **el dinero que sale de tu bolsillo.** Se dividen en: gastos necesarios y Gastos innecesarios

- **Gastos necesarios**

Son los gastos que se deben hacer para poder subsistir. Los que gracias a ellos satisfacemos nuestras necesidades básicas fisiológicas y de seguridad.

Ropa básica, alimentación, gastos médicos, vivienda, transporte.

En un negocio son todos los gastos indispensables para que el negocio sobreviva (renta, servicios, materia prima, mano de obra de producción)

- **Gastos innecesarios o deseos**

Son los gastos que comúnmente llamamos deseos, lujos o caprichos; son gastos guiados por la emoción o la costumbre sin cuestionarnos si realmente los necesitamos o no.

Estos gastos tienen la característica de que de no realizarlos, nuestra tranquilidad y seguridad no estarán en riesgo.

En relación a estos gastos, que a menudo son pequeños y no saltan a simple vista, te comparto una frase de Benjamin Franklin: "Cuida de los pequeños gastos; pues hasta un pequeño agujero hunde un barco"

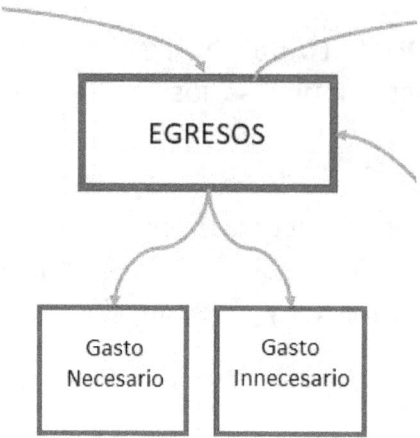

c) Flujo de efectivo

Es el remanente que queda de lo que se ingresa y lo que se gasta.

En otras palabras; es la diferencia de restar todos los ingresos a todos los gastos.

El flujo puede ser, negativo; neutro o positivo.

Si la diferencia entre los ingresos y los gastos es menor a cero, el flujo es negativo y se está generando deuda; pues se está gastando más de lo que se ingresa.

Si la diferencia entre los ingresos y los gastos es igual a 0, quiere decir que todo lo que ganamos se está gastando. No nos queda nada para ahorrar o invertir.

En ambos casos, según el experto en finanzas personales Robert Kiyosaky, si tu flujo es negativo o neutro estás viviendo la carrera de la rata, y lo llama así haciendo referencia a los típicos hamsters que están dentro de una jaula corriendo sobre un círculo de juguete, gastando tiempo y energía sin llegar a un objetivo, solo corren y corren sin avanzar hasta que mueren de cansancio habiendo permanecido siempre dentro de la jaula.

Y aunque lo primero que debemos evitar es tener un flujo de dinero negativo; tener un flujo de dinero neutro tampoco es lo ideal.

En cambio, si el flujo de dinero es positivo, quiere decir que se ingresa más de lo que se gasta; y es en esta circunstancia es donde podemos ahorrar e invertir; trabajar por un objetivo y salir de la jaula de hamster y de la tan poco motivante carrera de la rata.

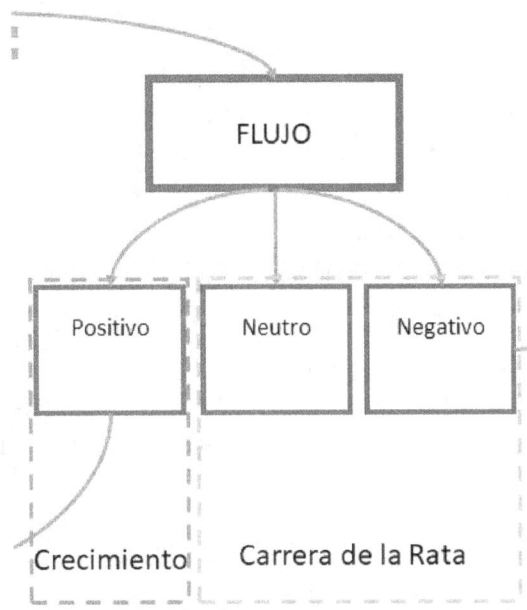

d) Activo

Un activo es **lo que hace que entre dinero a tu bolsillo** en forma de ingreso residual o pasivo.

Una maquinita de chicles en una tienda es un activo para su dueño, pues está haciendo que entre dinero a su bolsillo; así también son ejemplos de activos: un local comercial, un negocio, una casa en renta, un mobiliario para rentar en fiestas infantiles, un libro o e-book, una canción, una patente en uso, una aplicación móvil con costo, un curso on-line y otros más.

Es decir, todo aquel producto o servicio que con mínima o nula inversión de tiempo te genera ingresos. Cabe señalar que la creación de activos demanda tiempo, dedicación y perseverancia; pero una vez que lo tienes y lo pones a trabajar, el tiempo que te demanda es mínimo o nulo.

Un ejemplo de activo es este libro; para hacerlo ha demandado diferentes tipos de inversión; por una parte inversión de tiempo por horas y horas de investigación, escritura, revisión y corrección; y también inversión económica al contratar diseñadores y publicistas para su elaboración y promoción; pero una vez puesto a la venta, cada vez que alguien compre un libro, recibiré regalías directamente a la cuenta durante el tiempo que este libro esté a la venta, y por supuesto, que alguien lo compre.

Lo interesante de esto es calcular que la inversión hecha en el activo se logre recuperar y después de recuperada, siga generando ingresos.

e) Pasivo

La definición más común es: **Todo lo que hace que salga dinero de tu bolsillo.**

Un celular, un automóvil para uso personal, una suscripción a un club social, un tono de canción para tu celular, un diseño de uñas o de barba que se debe retocar cada mes y la mayoría de los productos que se promocionan en televisor y revistas son ejemplos de pasivos.

f) Ahorro

Es la suma de dinero que se separa del ingreso, con el fin de ser gastada en un futuro de forma prevista o imprevista.

g) Inversiones

Es el dinero destinado a la adquisición de un *activo* que a corto, mediano o largo plazo nos hará ganar dinero.

Una pregunta que te pudiera ayudar a definir si un egreso, es gasto o es inversión sería: ¿la aplicación de este egreso aumentará mi capacidad de generar más ingresos en un corto, mediano o largo plazo? Si la respuesta es afirmativa; el egreso en cuestión es una inversión.

h) Fondo de emergencia

Es el ahorro que se destina para ser gastado en caso de un imprevisto que urja solucionar y que es equivalente, por lo general, a 3 meses de gastos o compromisos financieros.

i) Deuda

En su sentido económico, la deuda es un compromiso de pago entre dos entidades. La entidad deudora (quien pide el dinero prestado) puede utilizar dicho préstamo para dos motivos principales: para subsanar gastos o para crecer

- **Deuda mala**

Es la deuda que se adquiere para poder realizar gastos (necesarios o innecesarios).

Normalmente sucede cuando nuestro flujo de dinero es negativo, es decir, gastamos más de lo que ingresamos. El ejemplo más común es la deuda de la tarjeta de crédito producto de gastos innecesarios que se acumulan hasta no poder pagarlos mes a mes y, además de tener que pagar los gastos innecesarios, pagamos intereses.

Pero endeudarnos para realizar gastos necesarios también es un ejemplo de Deuda Mala; pues lo mejor es tener siempre un fondo de emergencia para los imprevistos que no podemos dejar de realizar; como una atención médica inesperada; un accidente automovilístico en donde tenemos que asumir responsabilidad económica; un pago de cuotas escolares de los hijos ante un despido inesperado, etc.

- **Deuda buena**

Pero no toda la deuda es mala, también hay lo que se conoce como deuda buena.

En lo personal; cuando hace unos años conocí este concepto, me llamó la atención y fue un cambio de paradigma para mí; pues tenía la idea de que toda deuda era mala.

Mi papá hizo su carrera profesional como empleado de un banco; y como tal conocía muchas historias muy tristes de personas que por un mal manejo de su dinero y su deuda quedaban en la calle, literalmente.

A mi papá se le partía el corazón cuando tenía que enviar órdenes de embargo o de desalojo a familias que no pagaban sus deudas; le tocó ver a padres de familia llorando mientras confesaban a sus hijos que ya no tenían dónde vivir; que acababan de perder su casa y todos sus bienes. Eran cuadros verdaderamente tristes y en más de una ocasión me llegó a aconsejar que le tuviera miedo a las deudas; y con esa idea crecí.

Hasta que ya graduada y con el negocio andando conocí el concepto de "deuda buena".

La deuda buena es aquella que te permite crecer al utilizar el dinero del banco u otras instituciones para generar activos.

No deja de ser un compromiso con sus sanciones en caso de fallar con algún pago; por lo que debe ser una deuda calculada y estudiada que debe permanecer como deuda buena durante todo el período de pagos hasta que se salde totalmente.

El ejemplo más conocido es cuando solicitamos un préstamo para adquirir un bien que después rentaremos.

Por ejemplo, suponiendo que me dedico a la renta de mobiliario para fiestas y la demanda de determinado tipo de mesas y sillas está creciendo por lo que decido pedir un préstamo para adquirirlas.

Investigando recabo los siguientes datos:

El set de 1 mesa y 8 sillas cuesta $ 180 dólares pagados al contado o $203 dólares pagados en 7 pagos mensuales de $29 dólares cada uno.

Cada set se puede rentar en $10 dólares.

El costo de envío y recolección por set es de $2 dólares promedio (varía dependiendo del número de sets que rento).

La vida útil del Set de 1 mesa y 8 sillas es de 3 años.

La cantidad de veces que estimo se pudiera rentar un set es de 4 veces al mes.

Con esos datos podemos elaborar la siguiente tabla:

MES	1	2	3	4	5	6	7
INGRESO	$40	$40	$40	$40	$40	$40	$40
PAGO DEUDA	$29	$29	$29	$29	$29	$29	$29
GASTOS	$8	$8	$8	$8	$8	$8	$8
REMANENTE	$3	$3	$3	$3	$3	$3	$3

Con esto vemos que cada mes, podemos pagar la deuda, dar el servicio de renta y aun así tener un remanente positivo. Este es el mejor caso de deuda buena; en donde cada pago lo realiza directamente el activo.

Al final de la vida útil de nuestro activo, es decir, al final de 3 años estos serían nuestros números:

Pago realizado a la institución que nos otorgó el crédito: $202 dólares.

Ingreso obtenido por la renta de las sillas: $1440 dólares.

Gastos de envío y recolección: $ 288 dólares.

Remanente o utilidad obtenida: $949 dólares.

¡Estos números son bastante buenos!

El problema de esta deuda, es que de no estudiarse, fácilmente se puede convertir en deuda mala. Si te fijas, en el ejemplo comenté que la renta de sillas y mesas es un negocio que conocía y que había demanda creciente por este producto. Estos son dos factores que muchas veces no se toman en cuenta al adquirir la deuda, lo que conlleva a que nos involucremos en un negocio que no conocemos, que fantaseemos sobre las futuras ventas y que al llevar a la práctica el plan tengamos: Un "activo" que no está activo, una deuda por pagar con un dinero que no ingresa, un flujo de dinero negativo y una muy probable creciente deuda debido a los intereses moratorios.

Por lo tanto, lo que debemos estudiar antes de entrar en este tipo de deudas es:

- La deuda en sí: intereses, comisiones por apertura de crédito, plan de pagos, intereses moratorios, penalizaciones por pagos adelantados y todos los gastos que conlleve adquirir la deuda.
- El uso del activo: comprobar que exista demanda durante toda la vida útil del activo, estar familiarizado con el negocio o contar con un

experto que te oriente sobre los riesgos de adquirir dicho activo, los gastos de administrar el activo, de publicitarlo, asegurarlo si es necesario y otros gastos del activo.

Y lo que te recomiendo también es tener un plan B de pago de la deuda, es decir; si los ingresos que se supone debe generar el activo no se dan o son más bajos de lo planeado; de dónde obtendrás los ingresos para pagar la deuda y qué deberás hacer para lograr que los estimados se cumplan.

j) *Libertad Financiera*

Quise incluir este concepto porque isí que está por todas partes!

De lo mucho que se habla de Libertad Financiera coincido totalmente en algunos conceptos, pero en otras tengo mis reservas; lo que si estoy convencida es que emprender un negocio y tener la mentalidad de emprendedor (productor y no consumidor) es el mejor camino para alcanzar la libertad financiera.

La Libertad Financiera es la capacidad de una persona de solventar todos sus gastos y responsabilidades económicas a través de sus ingresos pasivos; obteniendo así libertad de tiempo y de movimiento.

En otras palabras, es poder dejar de trabajar por un período o por el resto de la vida y aun así recibir ingresos para solventar todos tus gastos teniendo <u>el nivel de vida deseado</u>.

Y subrayo la frase <u>el nivel de vida deseado</u> porque para cada quien el monto de ingresos pasivos generado para contar con libertad financiera es diferente. Para algunos el nivel de vida deseado será viajar frecuentemente en primera clase o en avión privado, una casa con lujos, pertenecer a un prestigiado club social y tener a sus hijos en colegios privados; otros están más que felices con un estilo de vida modesto, con un buen seguro médico y teniendo a sus hijos en escuelas públicas. Algunos desean un estilo de vida nómada que les permita viajar de "mochilazo" a diferentes países para conocer otras culturas y personas. Y para otras más su estilo de vida ideal es una vida dedicada al servicio social, a la investigación científica o a las artes.

Es decir, **no compremos la idea de Libertad Financiera que esté de moda, sino la que nosotros concibamos como "estilo de vida deseado"; si vives en pareja, será un estilo de vida con el que ambos estén de acuerdo**.

***

Rogelio viene de una familia modesta, nació en un pueblo de no más de 600 habitantes del norte de México y sólo pudo concluir estudios hasta secundaria. Para él el término de Libertad Financiera nunca ha llegado a sus oídos; sin embargo, lleva 30 años siendo libre financieramente.

¿Cómo logró Rogelio su libertad financiera?

Rogelio hoy tiene 85 años, a los 16 salió de su pueblo para empezar a trabajar en la banca de un municipio cercano, se mantuvo como empleado por 39 años y a la par emprendió su negocio de bienes raíces; es padre de 5 hijos y su esposa se ha dedicado sólo al hogar.

Cuando Rogelio era joven, aunque no conocía el término de libertad financiera, sabía que no sería joven toda la vida, y le angustiaba ver a personas de 70 u 80 años con necesidad de trabajar para poder sobrevivir.

Así que desde muy joven planeó su retiro.

Su estrategia fue: Ser un muy buen empleado para llegar hasta la jubilación y poder gozar de por vida con el seguro de gastos médicos que ofrecía la banca a sus empleados y jubilados en ese entonces. Situación que hoy en día no existe.

A la par que trabajaba, Rogelio iba construyendo un patrimonio que le proporcionara ingresos adicionales mes a mes.

Su plan consistió en acudir a la deuda buena. Pedía préstamos hipotecarios con los beneficios de ser empleado de la banca, construía una casa, vivía en ella (para justificar vivienda propia) hasta terminarla de pagar; luego pedía otro préstamo, construía otra casa, vivía en ella hasta terminarla de pagar y rentaba la casa anterior y así durante varias décadas hasta que logró tener el número de casas que deseaba para, junto con su depósito de jubilación, vivir 30 o 40 años más sin necesidad de trabajar.

Y su plan resultó, gracias a que Rogelio es bastante metódico, está en contra del consumismo y disfruta ahorrar. Mes a mes, después de pagar el préstamo, ahorraba dinero y con lo que le quedaba, disponía para el gasto familiar.

Sin leer jamás a George Clason seguía los principios que en 1926 éste señalara en su obra "El Hombre más Rico de Babilonia"

*Presupuesto familiar =
ingresos – pago de deuda - ahorro*

Actualmente, y desde hace 30 años Rogelio no ha vuelto a trabajar, lleva la vida que él desde joven deseó, tiene un mejor nivel de vida que sus padres y que muchos de sus compañeros jubilados, puede darse ciertos gustos tanto para él como para su esposa, y cuenta con la tranquilidad y la seguridad de tener ahorrado un fondo de emergencia.

Conozco perfectamente esta historia porque Rogelio es una persona que admiro y porque tengo la bendición de ser su hija.

***

Uniendo todos los conceptos

Una vez que conoces todos estos conceptos podemos decir que el objetivo del emprendedor, desde el punto de vista financiero es:

> ***Alcanzar la libertad financiera a través de mi emprendimiento***

Le estrategia pudiera ser:

Contar con los ingresos suficientes para mantener un flujo de dinero positivo, evitando adquirir pasivos y gastando siempre menos de lo que se ingresa.

Mes a mes ahorrar para formar un fondo de emergencia que me dé tranquilidad y me ayude a disminuir riesgos;

y un fondo para inversiones que usaré para crear activos que me permitan ir incrementando los ingresos residuales.

En caso oportuno, me podré apalancar financieramente a través de la adquisición de deuda buena que me permita acelerar la adquisición de activos que me generen tantos ingresos residuales como los gastos que conllevan el nivel de vida que deseo.

¡¡Uff!! Se dice en menos de media página, pero es una meta que da para trabajar en ella por varios años.

En una ocasión, no recuerdo ni dónde, escuché que este tipo de metas es bueno formularlas en períodos de 7 años; y así lo hice. 7 años dan la visión de un mediano plazo que nos hace sentir que la meta es alcanzable y llegará, pero sin sentir ansiedad ni prisas; sino con un sentimiento de paciencia y perseverancia.

Además visiones a 7 años permiten dividir la meta en objetivos anuales y éstos en objetivos trimestrales. Es decir; ¡nos permite comernos el elefante a pellizcos!

En la siguiente página encontrarás un resumen que en forma gráfica une todos los conceptos que hasta hoy hemos visto

***

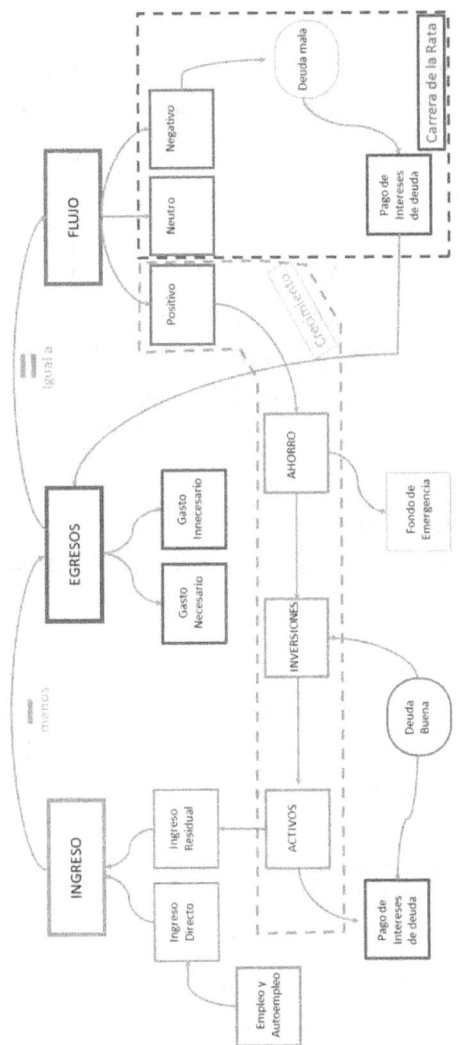

Las finanzas del emprendedor.

¿Por dónde empezar?

Para que el emprendedor pueda alcanzar su libertar financiera debe de empezar primero por tener finanzas sanas y en todo momento tener flujo de dinero positivo.

Para asegurar el flujo de dinero positivo que permita la creación de activos nos enfocaremos en 3 pasos

1. Si trabajas dentro de tu emprendimiento; ten un sueldo como autoempleado de tu empresa y separa los ingresos de la empresa de los personales.
2. Separa lo destinado al ahorro para formar tu fondo de emergencia y para tu fondo de inversiones personales.
3. Ten un presupuesto familiar y apégate a él; para en ningún momento acudir a la deuda mala.

1. Ten un ingreso personal, separa los ingresos personales y los del negocio

En nosotros los emprendedores; es normal que en un inicio confundamos las finanzas del negocio con las finanzas propias; pero que sea "normal" no significa que sea bueno. Y algo que debemos aprender es que si deseamos tener resultados superiores a lo normal, tenemos que hacer cosas superiores a las normales.

Por lo tanto lo primero es dividir los ingresos del negocio de tus ingresos personales. La forma más simple de hacer esto es a través de asignarte un sueldo semanal, quincenal o mensual de acuerdo a lo que tu presupuestes. Este sueldo debe permitir que el negocio se mantenga en flujo positivo; es decir, no castigaremos al negocio con un súper sueldo, cuando éste aún no es capaz de darlo de forma constante.

Asigna un sueldo para ti de acuerdo a tus actividades y a lo que seas capaz de generar para el negocio. Por ejemplo: si estás iniciando un negocio de pastelería y tú eres parte de la mano de obra para hacer pasteles;

pero también eres la persona que se encarga de colocar pedidos tu sueldo pudiera conformarse de: Sueldo operativo por elaboración de pastel + Comisión por pastel vendido. Esto te servirá también al momento de calcular los costos de cada producto o servicio que ofreces.

Al principio de mi emprendimiento me pasó que yo no calculaba en los costos mi sueldo; por lo que mis precios estaban por debajo de su costo real, lo que ocasionaba que fuera difícil manejarme con flujo positivo.

Este mismo error lo he visto repetirse en algunos emprendedores con los que he tenido la oportunidad de compartir experiencias. Por lo que es importante recalcarlo como el primer paso para llevar finanzas sanas.

2. Separa de tu sueldo la parte destinada a ahorro

Una vez que tengas un sueldo, asigna una cantidad de éste para el ahorro; el porcentaje de tu sueldo a ahorrar depende de las metas que deseas alcanzar y de los gastos necesarios en los que incurres.

En caso de que tengas alguna deuda financiera, deberás darle prioridad al pago de la deuda para no fallar con los pagos, pero aun así separar una parte para ahorro. Cuando hayas terminado de pagar las deudas y tengas ahora más dinero "disponible"; no busques gastar más, busca ahorrar más, de menos hasta que tus objetivos financieros se cumplan.

En caso de que tu deuda sea en tarjeta de crédito, consigue a toda costa pagar el 100% de la deuda mes a mes. Si para ti es complicado cumplir con este punto te recomiendo eliminar las tarjetas de crédito y utilizar solamente tarjetas de débito o el efectivo.

Una vez que vayas acumulando ahorro, lo primero es formar tu fondo de emergencia para luego iniciar con el fondo de inversiones que te servirá para la creación de activos.

-Crea el fondo de emergencia

El fondo de emergencia debe ser de por lo menos 3 meses de tu gasto mensual. En el capítulo siguiente veremos cómo calcular tu gasto mensual.

En el caso de que tengas una empresa con inestabilidad en los ingresos, estés por hacer una inversión importante en tu negocio, o si eres una persona que tiene un trabajo fijo y deseas dar el paso de renunciar a tu trabajo por dedicarte de lleno al negocio; te recomiendo que tu fondo de emergencia sea de 10 a 12 meses de tu gasto mensual.

Esto te dará tranquilidad para continuar trabajando en tu proyecto en lo que el negocio se estabiliza.

Crear tu fondo de emergencia lleva su tiempo, te recomiendo ir trazando metas mensuales que incrementen tu fondo, hasta que logres tu objetivo.

Cuando por alguna emergencia, uses el fondo. Recuerda reponerlo lo antes posible y después continuar ahorrando.

- Crea el fondo de ahorro para inversiones

En el libro "El Hombre más Rico de Babilonia" George Clason nos relata la historia de Arkad, un joven en camino a la riqueza.

En uno de sus intentos por ser rico, Arkad decide invertir todos sus ahorros en piedras preciosas. Para esto platica con su amigo el panadero y lo envía a tierras lejanas en busca de esas piedras. Una vez encontradas, el panadero debería regresar para venderlas en su cuidad y obtener significativas ganancias.

Sin embargo, cuando el panadero regresa con las piedras compradas con los ahorros de Arkad se dan cuenta del fraude del cual fueron víctimas. Las piedras que compraron como preciosas no eran más que piedras y vidrios sin valor.

¿Por qué crees que el plan de Arkad no funcionó?

Sencillamente por un error básico que muchos, a la fecha, seguimos cometiendo.

Arkad no buscó consejo de un experto en piedras preciosas, sino confió en su amigo el panadero y en su propio instinto para tomar decisiones en un negocio que ambos desconocían.

Sin los conocimientos sobre piedras preciosas, el panadero fácilmente fue víctima de fraude y regresó a Arkad con piedras falsas y vidrios de escaso valor.

Si Arkad hubiera solicitado la tarea que solicitó a su amigo, a un experto en piedras preciosas, quizá su porcentaje de ganancias hubiera sido menor a lo que él esperaba en un principio; pero significativamente mayor a lo que realmente recibió.

¿Qué nos enseña este extracto de cuento?:

Que una vez que deseemos invertir nuestros ahorros investiguemos sobre el negocio en cuestión y busquemos consejo de los expertos.

Siempre encontraremos personas que nos pueden asesorar, mentores que ya están en el negocio que nos interesa; y artículos, libros y videos que nos pueden servir.

Por supuesto también existirán los charlatanes y los vendedores de humo; te aconsejo no guiarte sólo por tu instinto, pide recomendaciones antes de contratar a un experto.

***

Lo importante en este punto es ser lo suficientemente metódico para asegurar el ahorro cada mes y lo suficientemente disciplinado para utilizar cada uno de los fondos, exclusivamente para lo que han sido formados.

3. Elabora un presupuesto de gastos personales y familiares y apégate a él.

Ya que tienes definida la cantidad de dinero con la que contarás cada mes para gastos. Elabora tu presupuesto familiar y adhiérete a él.

<u>Elaboración de presupuesto familiar:</u>

Los gastos para tomar en cuenta al momento de hacer tu presupuesto familiar son:

Vivienda: Pago de renta o hipoteca; pago de servicios de luz, agua, drenaje, gas, servicio de limpieza, seguro de hogar, mantenimiento general e impuestos.

Alimentación: incluye todo lo necesario para la preparación de alimentos y también alimentos preparados no con fin social.

Misceláneos: Es todo aquello que también podemos adquirir en el supermercado pero que no es alimentación como son: artículos para limpieza del hogar y para higiene personal.

Salud: Seguro de gastos médicos, vistas médicas, medicamentos y el gimnasio.

Vestimenta: Servicios de tintorería, lavandería, planchado y boleado, así como la compra de ropa y calzado.

Transporte: Cuotas de transporte público, Taxi/Uber, mantenimiento de auto, gasolina, seguro de autos.

Formación: libros, cursos, audiolibros, colegiaturas.

Entretenimiento y diversión: Salidas a comer de tipo social, cine, televisión por cable, viajes, regalos, festejos, música.

Para cada rubro define los Gastos Necesarios y los Gastos Deseables.

Agregarás, borrarás y modificarás montos y rubros hasta que tu presupuesto de gastos se apegue al monto de tu ingreso que quieres gastar para lograr tus metas a futuro.

Una vez que realices el presupuesto utiliza alguna herramienta que te ayude a llevarlo a la práctica.

En la actualidad hay desde aplicaciones móviles, división de la cuenta bancaria en subcuentas, hojas de Excel, o simplemente dividir el efectivo a gastar en diferentes sobres con una leyenda que indique su destino.

El objetivo es separar desde un principio la cantidad a ahorrar de la cantidad a gastar.

Conforme pasan los meses, lo más común es que hagas ajustes en tu presupuesto; pues siempre hay diferencia en los cálculos en papel que en la realidad. No te preocupes ni te frustres; simplemente ajusta y prueba el siguiente mes.

Celebra los éxitos financieros. Traza objetivos y una vez que los alcances celebra aunque sea solo en tu interior; ¡pero celébralo! y felicítate a ti y a tu familia por estar cada vez más cerca de la meta.

Gisela, quien entre sus conocidos se había ganado la fama de ser compradora compulsiva, llegó a tocar fondo con deudas en tarjeta de crédito antes de decidir tomar el control de sus finanzas. Gisela platica que cuando estaba formando su fondo de emergencia, festejaba cada vez que lograba aumentar su saldo a lo equivalente a 20 días de gastos. Y su forma de celebrar era invitando a uno de sus 6 hermanos a una cena informal y una copa de vino en su casa. Después del primer festejo con su hermana mayor la noticia no tardó en llegar al resto de la familia, por lo que el resto de sus hermanos la animaban a llegar a la siguiente etapa de ahorro para ser los afortunados en festejar con ella. Sin lugar a dudas una forma muy única de celebrar que al final le trajo la tranquilidad de contar tanto con un fondo de ahorro como con el apoyo de sus hermanos.

***

Las finanzas de mi empresa.

Después de hablar de finanzas personales es mucho más sencillo hablar de las finanzas de tu empresa.

Los términos que debemos conocer son los que ya vimos en finanzas personales; con la diferencia de que agregaremos algunos otros relacionados específicamente a la empresa, además de un par de reportes con los que te vas a familiarizar.

Conceptos básicos:

a) *Capital de trabajo o fondo de maniobra*

Son los recursos económicos con lo que la empresa debe contar para operar con normalidad.

Según estudios, entre los tres principales motivos por los que las pequeñas empresas fracasan está la falta de liquidez, es decir, la empresa no tiene dinero en circulación para pagar los gastos que mes a mes ocurren. Contar con un capital de trabajo significa tener efectivo disponible para solventar los gastos normales del negocio y poder soportar la baja venta al arrancar un negocio y/o las ventas a crédito.

b) *Retorno de inversión*

Es el período en el que, debido a los ingresos propios del activo, se recupera el monto invertido en el mismo.

Por ejemplo;

Manolo adquirió un salón para eventos en $200 mil dólares; y renta su salón en promedio 14 veces al mes; y en cada renta tiene una utilidad (ingresos-gastos) de $400 dólares. Eso quiere decir que el retorno en la inversión de ese salón de fiestas es de 36 meses.

c) Costos Fijos

Son los costos que tiene el negocio independientemente de la venta o producción que se tiene. En otras palabras: cada período; se tengan ingresos o no; los costos fijos se deben pagar.

Los costos fijos típicos que tienen los negocios son: Renta de local, sueldos fijos y pago de seguros.

d) Costos Variables

Son los costos que van en proporción a la venta o producción realizada.

Algunos ejemplos son: materia prima, mano de obra pagada a destajo y adquisición de mercancías.

e) Punto de equilibrio

Es el punto en el que los ingresos y los gastos son iguales. El negocio no tiene ni ganancia ni pérdida.

Es el punto en el que la venta menos los costos (fijos y variables) es igual a cero.

f) Depreciación

La depreciación es parte de los Costos Fijos del negocio. Es el desgaste que tienen los bienes muebles e inmuebles de la empresa.

Muchos emprendedores no lo toman en cuenta al momento de calcular los costos de sus servicios; pero en términos simples la depreciación es lo que debes estar guardando para poder comprar una maquinaria nueva cuando por desgaste u obsolescencia debas sustituir la que actualmente tienes.

g) Utilidad

Es la ganancia de un negocio, es el resultado de restar el total de ingresos menos el total de gastos.

El error más común al calcular la utilidad, es no tomar en cuenta el tiempo y mano de obra del emprendedor cuando éste es auto-empleado.

h) Margen de utilidad

Es el porcentaje de ganancia de un negocio en relación al ingreso total. Es decir, es el resultado de dividir el ingreso entre la utilidad.

i) Estado de resultados

Es un reporte que muestra exactamente de dónde se obtiene el resultado (ya sea pérdida o ganancia) de un negocio en un período de tiempo.

En el estado de resultados aparecen los ingresos, los gastos y la utilidad desglosada.

Te recomiendo acudir a un experto para que te apoye en definir los ingresos y los gastos que deberás medir para calcular la utilidad del negocio; después, dependiendo de la complejidad de tu negocio puedes llevar el control en hojas de Excel, en un sistema contable o delegar el cálculo a un experto.

Un error común en algunos emprendedores, es que cuando delegan este reporte, no se involucran lo suficiente para asegurar que la información que contiene es confiable ni lo toman en cuenta para la toma de decisiones.

***

Uniendo todos los conceptos

Para asegurar el éxito en tu empresa es importante que ésta sea financieramente autosustentable, es decir, que no requiera que le inyectes dinero de tu bolsa para que pueda sobrevivir.

Debe además tener un retorno de inversión y un margen de utilidad que vaya de acuerdo a tus metas financieras personales.

Para esto, será determinante que tomes en cuenta los siguientes puntos:

- Ten a la mano un capital de trabajo que pueda soportar las bajas ventas al inicio del negocio, o las ventas a crédito que en ocasiones exige el mercado.
- Define el precio de tu producto asegurando cubrir todos los costos fijos y los costos variables que están implicados en tu negocio.
- Calcula tu punto de equilibrio y define estrategias para alcanzarlo y superarlo.
- Lleva un registro minucioso de los ingresos y los gastos que mes a mes suceden en tu negocio y calcula la utilidad real (positiva o negativa).

Mi empresa y yo   119

- Has ajustes, adecuaciones y cambios en base a los resultados que obtengas cada período. El objetivo será que tu empresa vaya en ascenso.

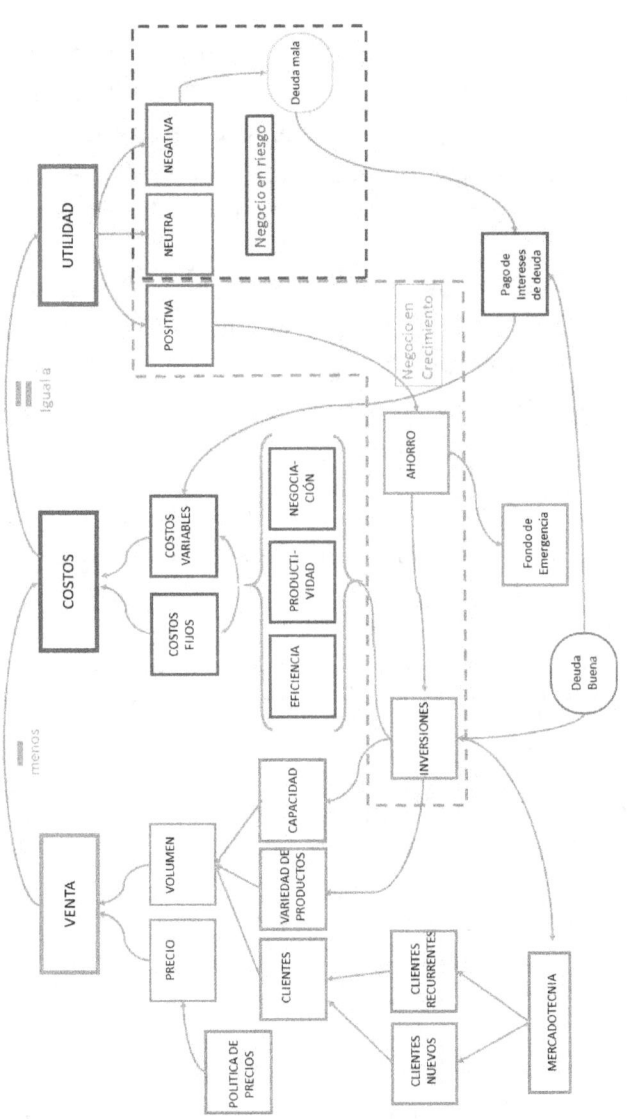

¿Por dónde empezar?

1. Pon en control tus finanzas. Lo que no se mide no se controla

Llevar un control minucioso de los ingresos y de los gastos, tanto del negocio como los personales, es para algunas personas tedioso y les causa pereza; pero créeme, es de las actividades que más te van a ayudar a ir teniendo un control de tus finanzas.

No tiene que ser algo súper elaborado ni tienes que comprar un sistema especializado para ello. Si lo tienes aprovéchalo y apóyate en él para llevar el control de los ingresos y los gastos.

Pero si no lo tienes, no te detengas ni lo tomes de pretexto para iniciar, puedes empezar con un Diario de Caja que venden en cualquier papelería por menos de 10 dólares.

Actualmente también hay aplicaciones que descargas en tu celular y que puedes utilizar para registrar tus ingresos y tus gastos de forma diaria.

Lo que yo uso y recomiendo, son hojas de Excel que puedes diseñar de acuerdo a tu negocio.

Te recomiendo tener en cada renglón el día del mes, y en columnas los ingresos y los gastos del negocio según las características propias de tu negocio.

Recuerdo tanto la escena que me orilló a llevar esta hoja de Excel: estaba ansiosa y frustrada porque era mi tercer año en el negocio; corría el mes de mayo, y las empleadas me pedían reparto de utilidades y yo no tenía ni idea de cuánto había ganado en el año anterior. Hasta tenía la duda de si realmente había ganado algo.

Eran casi las 2:00am y muy decidida me dije: no quiero sentir lo mismo el próximo año, así que en ese momento hice una hoja de Excel de lo más sencillo que te puedes imaginar, con sumas y restas que me informaban de mi balance a final del mes.

Empecé metódicamente a registrar los ingresos y los gastos y luego, cuando ya tenía un año llevando la hoja mes con mes, pude comparar mi negocio año con año (junio 2005 vs junio 2004; julio 2005 vs julio 2004) para evaluar crecimiento en ventas, en gastos, dispersión de ingresos y de gastos e ir trazando metas financieras para cada mes.

Esta hoja de Excel, después de 14 años, es la base de lo que actualmente utilizamos los franquiciatarios del negocio y yo para calcular el estado de resultados de cada una de las tiendas. Es la que mes a mes estudio con todo el equipo de trabajo y nos hace analizar qué acciones nos llevaron a crecer y cuáles nos perjudicaron, para sencillamente repetir lo que funciona y evitar lo que no funciona.

2. Observa los resultados obtenidos cada período

Con esta observación se pretende que estudies cómo se comportaron los ingresos, los gastos y la utilidad.

Evalúa qué factores hicieron crecer los ingresos y cuáles disminuirlos. Determina la composición de los ingresos, qué es lo que el cliente compra, cuánto compra y cuándo lo compra.

Determina la composición de los gastos, cuáles gastos son recurrentes, cuáles son eventuales y cuáles únicos o especiales.

Diferencia los gastos de la inversión. La inversión es todo egreso que permitirá que el negocio incremente la venta en un corto o mediano plazo; mientras que los gastos son egresos que sirven para mantener el nivel de ventas de acuerdo a la capacidad del negocio.

Por ejemplo; si estás en el negocio de venta de crepas. La compra de los ingredientes para hacer crepas representa un gasto; mientras que la compra de una plancha adicional a la que tienes para poder incrementar el número de crepas que vende es una inversión.

Estudia la utilidad, desglosa cuál es la utilidad de operación, la utilidad después de gastos administrativos y la utilidad neta después de impuestos.

Evalúa con qué movimientos pudieras incrementar la utilidad del negocio, qué productos tienen mayor margen de utilidad y cuáles tienen menos margen y debes modificar o hacer más eficiente.

Dedica un tiempo para estudiar tu negocio, los datos nos orientan sobre qué acciones debemos hacer, cuáles evitar y cuáles mantener.

Recuerda que el negocio es dinámico. El mercado va cambiando y los productos van teniendo sus ciclos. Lo que descubras hoy de tu negocio quizá será muy diferente de lo que descubrirás un año después; aprovecha una de las mayores ventajas que tienen los pequeños negocios, que es la flexibilidad para adaptarte a los cambios. Aprende a estar en constante movimiento.

Capítulo 5

Clave 5. Sistemas

Tus clones existen, se llaman sistemas

*La vida te dará la experiencia
que sea más útil para la evolución de tu conciencia.
¿Cómo sabes que esta es la experiencia que
necesitas?
Porque esta es la experiencia
que estás teniendo en este momento.
-Eckhart Tolle*

En mi ciudad, como en muchas partes de México; son muy conocidos los panes dulces llamados Conchas, Cochinitos, Quequitos, pan de elote, orejas, entre otros. Las personas los acostumbran en el desayuno o la merienda por lo menos una vez por semana.

Cerca de la casa en la que vivo, a unas 4 cuadras, hay una panadería que vende este tipo de pan, pero con algunas variaciones que lo hacen original y exquisito

Por ejemplo; las conchas están hechas con nata lo que les da un sabor y una textura única, el pan de elote es más suave y cremoso que el que normalmente se encuentra, los quequitos están rellenos de mermelada de frutos naturales y de cajeta elaborada en la misma panadería. ¡Cada pan es una delicia!

Esta panadería, la cual ya tiene unos 3 o 4 años operando, sin embargo, tiene algunos inconvenientes.

El horario de atención al cliente es muy variable, es frecuente acudir a la tienda para luego descubrir que está cerrada.

La última vez que fui, y tuve la fortuna de encontrar la panadería abierta entré y me topé, justo al centro de la barra de atención a clientes, con un letrero hecho en computadora y plastificado que dice: "Toque la campana para ser atendido"; y junto al letrero está una campana de mesa; como la que típicamente te encuentras en hoteles.

Toqué la campana y al cabo de un par de minutos aparece de la puerta que, supongo da a la cocina, un joven que mostraba señales de haber estado trabajado con harina.

De una forma muy atenta me da a conocer la variedad de panes que tenía en ese momento y selecciono uno de cada uno de los que tenía en existencia, 3 en total.

Intrigada por la forma en la que se administra este negocio me atreví a hacerle algunas preguntas al chico:

- tienes poca variedad de pan, le dije, ¿es normal que tengas tan poco pan en existencia?

- Si, respondió el. Normalmente hacemos poca variedad cada día de la semana para asegurar esté fresco, los lunes hacemos conchas y pan de elote, los martes panqués y donas, y cada día de la semana hacemos de dos a tres variaciones diferentes.

- Y del horario, me dio gusto haber encontrado abierto, ¿qué horario tienen?

- El horario es variado, en la mañana normalmente hacemos el pan y empieza a salir como a las 12:00hrs o 1:00 de la tarde, en cuanto sale el pan abrimos las puertas para que el cliente compre y cerramos en cuanto se nos termina, a veces a las 4:30pm y a veces a las 5:00pm.

El pan que aquí hacen es delicioso -le comento- yo creo que si hicieras el doble venderías fácilmente el doble, que increíble poder duplicar tus ingresos con solo hacer más pan, ¿no crees?

- No es tan sencillo - me dice- es difícil hacer el pan y limpiar la cocina, surtir los ingredientes, hacer las mermeladas y no me quiero arriesgar a que se me quede alguna pieza.

- Pero, ¿estás tú solo en esto? Le pregunté.

- En realidad estamos mi novia y yo; ella estudió gastronomía en la ciudad de Monterrey; siempre destacó en sus clases y después se fue a Francia a perfeccionar sus recetas, le ha costado mucho esfuerzo lograr hacer este pan; juntos decidimos estar solamente los dos en el negocio, porque de otra forma, si contratamos a alguien, aprenderá sobre panificación y luego se irá con todo el conocimiento que a ella le costó tanto aprender.

Era notorio que el joven quería terminar la plática en ese momento e ir a la cocina, por lo que me despedí y salí sin decir nada más.

***

Esta situación nos es familiar para algunos emprendedores; sobre todo los que iniciamos siendo técnicos o auto-empleados dominando las tareas propias del negocio.

En algún momento hemos sentido miedo de transmitir a los empleados los conocimientos importantes sobre el negocio, pensando que más adelante los empleados desertarán y se convertirán en nuestra propia competencia.

Pero, ¿por cuánto tiempo puedes soportar un ritmo de trabajo de auto-empleado que no te permita ausentarte de la empresa por unas vacaciones o una enfermedad? y ¿Estás dispuesto a ser el mayor freno para el crecimiento de tu negocio?

Esta situación me quedó más que clara en mis primeros años como negocio; cuando uno de los miembros de mi equipo (la primer costurera que contraté; y la más capacitada en ese momento) decide irse con todo el conocimiento y clientes a poner su propio negocio a sólo unas cuadras del mío.

Por supuesto que en el momento sentí frustración e impotencia; pero agradezco el evento porque fue de la manera que aprendí que el negocio debe ser más que una persona operando. Aprendí que el negocio debe ser un sistema.

La calidad y la perfección en los procesos técnicos son muy importantes, y debemos esmerarnos día a día en alcanzar la excelencia; pero no lo son todo. La empresa debe ser un sistema que involucre diferentes áreas del negocio, las cuales deben trabajar en conjunto para lograr generar valor a cada uno de los 4 actores del negocio que veíamos en el capítulo 2. (Clientes, empleados, inversionistas y sociedad).

Imitar una operación, es relativamente sencillo; pero imitar un sistema es más complicado. Es por esto que el dueño de la empresa no debe dedicar todo su tiempo a la operación ni a los procesos técnicos. El emprendedor debe dedicar gran parte de su tiempo a crear sistemas; para luego monitorear los sistemas existentes, mejorarlos y una vez perfeccionado el sistema; crear nuevos.

¿Qué es un sistema?

Un sistema es un conjunto de elementos o procedimientos coordinados que, ordenadamente relacionadas entre sí, contribuyen a un objetivo o función.

Es decir; crear un sistema, es crear una serie de procedimientos ordenados. Cada procedimiento con su descripción de los pasos a seguir, los resultados esperados, y las personas involucradas.

Como resultado de la ejecución debida de cada procedimiento; el sistema logrará un objetivo final; el cual se puede repetir cada vez que el sistema se vuelva a echar a andar.

Hay personas que relacionan sistemas con computadora; y aunque los sistemas computacionales ayudan a sistematizar un negocio; no lo es todo, la verdadera esencia está en crear procedimientos para cada operación del negocio.

En el libro El Mito del Emprendedor, Michel Gerber compara hacer de tu negocio un sistema con hacer de tu negocio una franquicia (y no en el sentido literal de convertirlo en franquicia; sino de hacer que funcione como una franquicia); y me parece bastante atinada su forma de explicar lo que es convertir tu negocio en sistema.

Convertir tu negocio en sistema; es permitir al negocio que funciones sin ti; pero de la forma en que tú sabes que es mejor operarlo.

Si actualmente te ausentaras de tu negocio por un año; ¿Cómo encontrarías a tu negocio al regreso? ¿Más fuerte? ¿Más grande?

Si tu respuesta es NO, entonces urge trabajar en crear sistemas.

¿Cómo son los negocios que actualmente ya tienen sistemas?

- Son negocios predecibles; es decir, sabes en qué horario estará abierto o cerrado, el tipo de productos que vas a encontrar dentro del negocio y el tipo de servicio que vas a recibir.

- Son negocios ordenados. Físicamente puedes percibir orden en el negocio; siguen la práctica de: un lugar para cada cosa y cada cosa en su lugar.

- Son negocios con responsables. Las personas fluyen en su puesto; saben quién es el responsable de atender al cliente, de atender una queja, de recibir un pago, de realizar la operación del negocio, de mantener limpias las instalaciones, de coordinar los esfuerzos de todos, de surtir material, etc.

- Son negocios fuertes; a pesar de los problemas cotidianos sabes que seguirán operando con normalidad.

¿Qué beneficios ofrece tener un negocio operado por sistemas?

- La empresa no depende del emprendedor o dueño del negocio.
  De hecho no depende de una sola persona. Hay "puestos" más cruciales que otros, pero en el momento que sea necesario, ese puesto puede ser ocupado por alguien más. La dependencia en personas crea vulnerabilidad. Eliminar la vulnerabilidad es uno de los más grandes beneficios.

- Una empresa sistematizada comete menos errores y por ende es más eficiente y menos costosa. Si se siguen los procedimientos con los que el sistema cuenta, se evitan errores por haber actuado en base a experiencia propia en vez de actuar en base a la experiencia de todo un sistema. Los procedimientos del sistema deben estar diseñados para obtener los mejores resultados de la forma más eficiente; por lo que deben ser actualizados y perfeccionados periódicamente logrando así la mejora continua.

- Es más sencillo integrar nuevas personas al negocio. Tanto para el nuevo integrante como para la empresa, el proceso de capacitación, familiarización y por ende de obtención de resultados positivos; es más sencillo y más rápido.

- Una empresa manejada por sistemas puede crecer más que una empresa no sistematizada. El caos y estrés que se genera por no tener procedimientos dentro de la empresa no permite crecer. Crecer con caos son solo ilusiones. Para crecer de forma sostenida la empresa debe estar operando por sistemas.

Claves para hacer un sistema, ¿por dónde empezar?

Para poder crear sistemas primero deberemos trabajar en ser emprendedores y no en ser solo parte del personal operativo de nuestra empresa.

Es decir; debemos aprender a trabajar *para* el negocio y no *en* el negocio; parece un juego de palabras pero créeme que es mucho más que eso.

Trabajar *para* el negocio implica salir de tu rol de experto operativo para entrar al rol de administrador (creador de sistemas y administrador de recursos) y rol de visionario (liderazgo, visión de futuro, diseñador de nuevos caminos y estrategias).

En lo personal, hace unos años, el libro del Mito del Emprendedor de Michel Gerber me ayudó a comprender esta diferencia; y un motivante para trabajar en ser emprendedora y no esclava de mi propio negocio fue mi proveedor de servicios de tintorería. Al que llamaré Don Fabián.

Don Fabián, cuando lo conocí tenía cerca de 50 años pero aparentaba más, le gustaba el oficio de tintorero y lo sabía ejecutar muy bien. Don Fabián tenía más de 25 años con su tintorería, era un hombre muy trabajador, de eso no hay duda. Pero su calidad de vida no era lo que yo esperaba de mi cuando tuviera su edad.

Mi principal motivante para ser emprendedor y no operador era no estar como Don Fabián a la edad de 50 años.

Don Fabián se levantaba desde muy temprano a abrir la tintorería; tenía personal operativo a su cargo, pero a pesar de estar trabajando en la tintorería desde hace varios años, dependían aún de él para realizar los trabajos difíciles. Las prendas especiales o delicadas él las lavaba personalmente.

Su tintorería daba servicio, además del público en general y algunos negocios como el mío, a un par de restaurantes y un salón de fiestas de la ciudad. Los restaurantes y salón de eventos le exigían ir diariamente a recorridos nocturnos para recoger la mantelería, que debería estar temprano en la tintorería para ser procesada y devuelta al cliente en un máximo de 24 horas.

Don Fabián abría la tienda, trabajaba en ella, era el único chofer; quien se encargaba en las tardes de recoger ropa en los negocios y en las noches mantelería de restaurantes. No le daba tiempo ni de cobrar a los clientes de mayoreo por sus servicios, y mucho menos saber qué tan rentable era su negocio. Cada 15 días se supone que me debería llevar la relación de los servicios que me hacía para cobrar por ellos; pero en muchas ocasiones tardaba más de 15 días y además estaban mal sus cuentas, normalmente lo corregía pagándole más de lo que cobraba por notas omitidas en la relación que me enviaba.

Frecuentemente perdía servilletas de los restaurantes y tenía que pagarlas o reponerlas. La camionetita de recolección que usaba estaba vieja y averiada; no le daba mantenimiento preventivo y en repetidas ocasiones lo dejaba "tirado". Su esposa e hijas en el verano se iban de vacaciones con familiares que viven fuera de la ciudad; pero él no las acompañaba; pues tenía que estar al pendiente del negocio.

Cuando lo veía: sin vacaciones ni días de descanso, estresado solucionando hasta el más mínimo problema en la tintorería y además preocupado por las cuentas; me prometía trabajar en lo necesario para asegurar no estar como Don Fabián a la edad de 50 años.

***

Trabajar para el negocio es hacer lo necesario para no ser el esclavo de tu propia empresa. Es no permitir que la empresa dependa de ti permanentemente.

No se trata de arrumbarla a su suerte; se trata de crear el sistema para delegarla; para que sea un ente independiente de su emprendedor; para que el emprendedor no sienta que tiene que "cargar" a la empresa para poderla hacer andar; sino que la empresa camina por sí misma.

Trabajar para la empresa es preparar al negocio para que éste sea independiente; y la única forma de hacerlo es sistematizarlo para que funcione automáticamente estés, o no estés en el negocio.

Ten un buen producto

Para sistematizar el negocio deberás primero hacer que el producto o servicio resultado de la operación del negocio sea algo "bueno". Obviamente mejorable, no perfecto; el sistema te ayudará a irlo perfeccionando día con día.

Me refiero a que actualmente el producto que ofreces cumple con los siguientes tres puntos:

1. Entrega valor a tu cliente
2. Tiene algún diferenciador y
3. Es financieramente rentable.

Para lograr estos tres puntos en un mismo producto/servicio te recomiendo:

1. Escucha al mercado, date cuanta de sus necesidades y sus deseos.

Esto con el objetivo de determinar si nuestro producto satisface actualmente alguna necesidad del cliente; o si es necesario hacer alguna modificación o innovación para lograrlo.

Para escuchar a los clientes es importante estar atento no sólo a sus necesidades sino también a sus deseos. No solo a su lenguaje verbal; sino también a su comportamiento y sus costumbres.

Ya lo decía Ford: "Si hubiera preguntado a mis clientes qué es lo que necesitaban; me hubieran dicho que un caballo más rápido".

Seth Godin, el gurú del marketing, dice que las personas no compran lo que necesitan, compran lo que desean.

> 2. Haz pruebas o prototipos y lánzalos al mercado para recabar opiniones.

Si es necesario hacer algún cambio al producto que ya tienes; o inclusive decidas crear un producto o servicio nuevo, asegúrate de hacer pruebas antes de iniciar la producción en serie. Haz un prototipo o una muestra y lánzala al mercado para probar la aceptación.

Permite que los clientes hablen, comparen y te den su punto de vista; el objetivo es tener el mejor producto que al momento puedes desarrollar.

> 3. Implementa un diferenciador que sea atractivo

Con diferenciador me refiero a alguna característica que logre hacerte notar de entre la competencia. Algo que puedas explotar en tu publicidad interna y externa. De preferencia logra que el diferenciador sea alguna característica de tu producto que valore el cliente. Puedes enfocarte en características de rapidez, accesibilidad, garantía o servicio. El único diferenciador que no debes buscar es el de "ser el menor precio del mercado". Ese no es un diferenciador que a la larga te vaya a dar grandes ventajas como negocio.

4. Analiza financieramente el producto y establece el precio adecuado

Para que el servicio o producto resultado del proceso que vas a sistematizar sea bueno debe también cumplir con la característica de ser financieramente rentable. De nada sirve sistematizar un proceso que tiene como resultado un producto que le dará a perder dinero a la empresa.

Es importante al momento de evaluar tu producto tomar en cuenta todos los costos; y determinar un precio competitivo.

Asegura que el precio cubra el costo y ofrezca un margen de ganancia atractivo. Además calcula el punto de equilibrio y evalúa la factibilidad de alcanzarlo y superarlo.

Para sistematizar tu negocio:

1. Define las actividades clave del negocio.

Haz un inventario de todas las actividades que se tienen que realizar hoy en día en tu negocio y determina cuáles son las actividades clave.

Actividades Clave serán las actividades que ayudarán al negocio a cumplir con su objetivo de generación de valor y crecimiento. Y que de no realizarse, ponen en riesgo al negocio.

En la lista incluye también actividades que sabes que debes hacer pero que por el momento, por falta de tiempo, no estás realizando.

TINTORERIA DE DON FABIAN

Lista de Actividades:

- Abrir la Tintoreria
- Limpiar la tienda
- Programar los trabajos que se haran durante el dia
- Separar la ropa por sistema de lavado (Seco, en agua y prendas delicadas)
- Lavar en seco la ropa seleccionada para ese proceso
- Lavar en agua las prendas que llevan ese proceso
- Lavar las prendas delicadas
- Planchar las prendas
- Dar acabado final a las prendas
- Agrupar las prendas por cliente
- Atender clientes dentro de la sucursal
- Realizar cobros dentro de la sucursal
- Entregar y recoger prendas de clientes de mayoreo
- Realizar cobros a clientes de mayoreo
- Analizar niveles de inventario de insumos para resurtir
- Comprar materiales faltantes
- Cerrar la tienda

Actividades hoy deberia estar haciendo y no se hacen

- Comparar precios e insumos de varios proveedores y negociar precios
- Hacer publicidad por redes sociales para captar nuevos clientes
- Crear un plan de incentivos a empleados para aumentar la capacidad de produccion de la tienda
- Llevar un control de ingresos y gastos del negocio
- Evaluar el resultado finaciero del negocio por periodo (semanal o mensual)
- Hacer un programa de mantenimineto preventivo a todo el equipo
- Manterme actualizado sobre las nueva tecnologia en lavado de ropa que pudiera darme un beneficio como negocio

2. Define para cada actividad el resultado final deseado, y la forma en la que se puede medir.

Para evaluar si una actividad está bien ejecutada o no; debe compararse con un resultado final deseado.

Determina cuál es ese resultado final y la forma en la que se puede medir para evaluar si la actividad se realizó correctamente o no.

Realizar este ejercicio te dará la oportunidad de cuestionar cada actividad que se hace en tu negocio; vas a empezar a quitar o agregar actividades y aquí es donde empieza la mejora en tu empresa.

En este punto define también qué recursos –humanos o de material- se requieren para que la actividad se pueda ejecutar correctamente.

Subraya las actividades en las que es importante que tú estés presente, que sean de alto valor para el resultado final.

3. Evalúa los posibles problemas que pueden surgir, la forma de evitarlos y sus posibles soluciones

Este es un paso que muchos emprendedores omiten al momento de realizar sus procesos; pero es de gran importancia para ir perfeccionando el sistema y para empoderar a tus empleados.

Recuerda los problemas a los que te has enfrentado, encuentra cómo evitarlos y también; en caso de que sucedan, la mejor forma de solucionarlos.

4. Aprovecha la tecnología para automatizar algunas actividades.

Hay tecnología en el mercado que te puede ayudar actualmente en la automatización de tus procesos; investiga observando otros negocios o consultando con expertos.

5. Delega

El proceso de delegar inicia cuando te preguntas: ¿Quién pudiera realizar esta actividad? Hasta el momento en que capacitas a la persona, monitoreas su resultado y le das retroalimentación.

El error más común que comentemos es terminar nuestro proceso de delegación de actividades cuando le comentamos al colaborador: "Ahora tú te encargas de esto" y luego lo dejamos olvidado hasta que surge el primer problema y hablamos con él para reclamar su desempeño.

El desempeño de un colaborador también es nuestra responsabilidad.

6. Define cómo monitorearás el resultado de todo el sistema.

Para determinar si el resultado final de todo el sistema es bueno o no; habrá que definir los indicadores que lo determinen.

Es recomendable que tengas indicadores que midan: Satisfacción del cliente, calidad en los productos/servicios, productividad, rentabilidad financiera, crecimiento en venta.

7. Mejora continuamente

No cometas el error de dejar en el olvido tus sistemas; como director de orquesta lo que te corresponde es monitorear el desempeño de tu creación y someterla a una constante mejora. Todo es mejorable, todo sistema deberá ser flexible al entorno al que se somete; si el ambiente exterior cambia los sistemas internos también deberán cambiar.

LISTA DE ACTIVIDADES:	RESULTADO DESEADO	MEDICION	RECURSOS REQUERIDOS	PERSONA RESPONSABLE
Abrir la Tintorería	Abrir puntualmente a las 9:00	aviso de alarma desactivada	llave, alarma funcionando	Sebastian
Limpiar la tienda	Piso, mostrador y banqueta limpios	Percepción visual y agradable aroma	equipo de limpieza	Sebastian
Programar los trabajos que se harán durante el día	Que todos los compromisos de fecha de entrega adquiridos con el cliente se cumplan	Bitácora de producción 100% terminada	Notas de venta por cliente, bitácora de producción	Maria
Separar la ropa por sistema de lavado (Seco, en agua y prendas delicadas)	Prendas limpias y sin deterioro	Garantías o retrabajos	Etiquetas de ropa con composición o instrucciones de lavado	Maria

PROBLEMA	POSIBLE CAUSA	MOTIVO	COMO EVITAR	SOLUCIONES EN CASO DE OCURRIR
Prenda maltratada después del proceso de lavado	No se le dio el proceso de lavado adecuado	la prenda no traía etiquetas de composición o instrucciones de lavado	hablar al cliente para preguntar composición de la prenda y aceptar el riesgo de lavado	pagar la prenda al cliente
	la prenda estaba maltratada desde que el cliente la trajo	No se revisó minuciosamente la prenda antes de entrar al proceso de lavado	revisar las prendas al momento de recibir las prendas y revisar las prendas antes de meter a lavadoras	verificar en cámaras el estado de la prenda al entrar al proceso y hablar con el cliente para explicar que la prenda estaba maltratada desde un inicio

***

El Dr. Omar es el odontólogo que visitan mis hijos y me admira ver cómo ha podido sistematizar un proceso que pareciera difícil de delegar.

Por mucho tiempo estábamos acostumbrados a ver a los profesionales como él (dentistas y doctores) realizando todo el trabajo con sus pacientes de principio a fin; lo único que delegaban eran las actividades de calendarización de citas y de cobranza.

El Dr. Omar sin embargo; se puso a analizar a detalle todas las actividades que él realizaba al atender a un paciente; y resultado de este análisis determinó en cuáles actividades él aportaba un alto valor y en cuáles no. Luego creó los procedimientos para poder delegar las actividades en las que él aportaba poco valor y contrató a la primera doctora asistente. Así empezó a centrarse en hacer las actividades de alto valor no solo dentro de las consultas; sino de visión y de crecimiento del negocio.

Actualmente el Dr. Omar cuenta con una clínica de primer nivel; en la que simultáneamente se pueden atender a 12 pacientes cada media hora. Y lo maravilloso es que la satisfacción por parte de sus clientes es muy alta comparada con cualquier otra clínica de la ciudad. Conoce y nos da a cada uno de los involucrados en el proceso el valor que deseamos recibir.

Capítulo 6

Clave 6. Ventas

Acelera el gran motor de tu negocio

> *"Simplemente no puedes vencer a la persona que nunca se rinde."*
> *– Babe Ruth*

Hemos hablado de la importancia de tener una visión personal como emprendedor; de tener un **porqué** como empresa que te motive a ti y a tu equipo en continuar en el camino. También hemos hablado de entregar valor; de sistematizar y de hacer crecer tu negocio.

En el capítulo 4 vimos la importancia de cuidar el flujo de dinero en tu empresa; pues éste es similar al aceite en el motor del carro; tener flujo de dinero hará que tu empresa siga funcionando y tu negocio continúe creciendo.

Pero, ¿de dónde viene ese flujo de dinero que mantendrá a tu negocio en pie?.... ¡acertaste!; nada más y nada menos que de las ventas.

Entonces podemos decir que: tener ventas nos hará tener dinero; el dinero podrá hacer que nuestro negocio no se detenga y el negocio podrá entonces cumplir su visión y su **porqué**; y por ende el emprendedor también podrá, a través de su emprendimiento, cumplir con su visión personal.

Las ventas son lo que permitirá mantener con vida a tu negocio.

¿Qué es vender?

Por mucho tiempo asociamos la palabra vender o ser vendedor con algo poco "elegante". Pedir algo a cambio de lo que te ofrezco no era bien visto.

A muchos de nosotros nos llegaron a decir nuestros padres que si queríamos ofrecer algo lo regaláramos; no lo vendiéramos. Que vender no "estaba bien"; pues ponía en duda su capacidad económica.

Me viene a la mente la mamá de mi esposo, a quien considero mi segunda madre, Mamá Norma.

Su infancia estuvo marcada por diferentes carencias debido a que quedó huérfana de padre siendo una niña de apenas 5 años.

Y aunque Mamá Norma tuvo escasez económica y pocas oportunidades de estudio, su mamá se preocupó por educarla a través de la lectura y la enseñanza de los quehaceres del hogar. Uno de los talentos que desarrolló fuertemente fue su habilidad para cocinar.

Siendo muy joven, se casó con Don Juan Manuel, y se fueron a vivir a un pueblo un poco más grande; su situación mejora notablemente y Mamá Norma aprende recetas nuevas muy pronto es reconocida en el pueblo no sólo por su excelente capacidad para cocinar, sino por su generosidad al regalar recetas, pasteles, repostería, chorizo, mermeladas, frutas cristalizadas y muchas cosas más; para ella; poner a la venta sus conocimientos o sus productos nunca fue una opción; prefería regalaros y lo hacía con alegría.

Norma y Juan Manuel tuvieron 7 hijos, 5 de ellas mujeres, las cuales, sin excepción aprendieron a hacer sus mejores recetas.

Angélica, una de las hijas de Mamá Norma, se casa con Humberto, quien es hijo de comerciante.

Humberto, familiarizado con las ventas rápidamente detecta la oportunidad de hacer negocio vendiendo los pasteles tan deliciosos que Angélica preparaba para familiares y amigos, la convence de iniciar una pastelería.

Por otra parte, Norma, la hija mayor de la familia también había iniciado la venta de pasteles sobre pedido, por lo que deciden asociarse e iniciar una pastelería; la cual hoy en día, después de 31 años, es una de las pastelerías más grandes del estado que continúa en expansión.

Tanto en Norma como en Angélica; el espíritu de generosidad que les inculcaron sus padres siempre ha estado presente; el gusto por ayudar a los demás es algo distintivo en ellas.

Y fue precisamente ese gusto por servir lo que las impulsó a crecer, elaborando los mejores pasteles para que sus clientes puedan gozar de un buen momento de reunión y festejo.

Siempre se han esmerado por tener los mejores ingredientes, las mejores prácticas y mejores acabados para darle a su cliente el mejor pastel a un precio justo.

Gracias a la combinación de un gusto auténtico por ayudar y la habilidad para las ventas que fueron desarrollando, el impacto que hoy la pastelería tiene en la ciudad es muy positivo; pues otorga beneficio no solo a clientes, sino también a empleados, proveedores, inversionistas, y a la comunidad

***

Vender sin pensar en el comprador; desde un punto de vista 100% egoísta no es el tipo de transacción de la que hablaremos en este libro. Ni es el tipo de transacción que te aconsejo hacer. Vender sin ayudar no traerá para ti beneficios reales. No creará un negocio estable ni te dará la oportunidad de crecer.

Vender es una forma de ayudar; a través de la venta entregas un beneficio real al cliente.

Bajo este concepto, vender es hablar con la verdad, es ser honesto; es escuchar al cliente y ser empático; es esmerarte por cumplir con lo que ofreces a tu cliente e implica tener habilidades de comunicación asertiva para aclarar cualquier duda y que la venta se realice de forma transparente y sin sorpresas para ninguna de las dos partes.

Para quienes me dicen, es que no sé vender, les digo: céntrate en un auténtico gusto por servir y la práctica es quien va a ir haciendo que perfecciones tus habilidades y que tu gusto por vender aumente.

Cuando ves a las ventas como una forma de ayudar y la entiendes desde sus raíces; estarás buscando más clientes para tener la oportunidad de impactar positivamente a más personas.

Factores que te ayudan a elevar las ventas

Vamos a hacer un ejercicio de imaginarnos la trayectoria que sigue una persona desde que no conoce un negocio hasta que se convierte en cliente recurrente del mismo.

Suponiendo que nuestro negocio es un establecimiento en donde todo lo que vendemos cuesta $1.00 dólar.

Primero, la persona de nuestro ejercicio imaginativo no nos conoce, no sabe el tipo de productos que tenemos.

Luego, por algún volante, anuncio en redes sociales, porque pasa cerca del local, por recomendación o por alguna otra estrategia para darnos a conocer que hicimos; la persona se entera de nuestra existencia. En este momento la persona se convierte en **prospecto**. Un prospecto es una persona que aún no va a nuestra tienda, pero ya sabe que existimos y sabe lo que vendemos.

Hasta este momento, con esta persona, nuestra venta es $0.00 dólares.

En nuestro afán de hacer crecer nuestras ventas, empezamos a hacer estrategias para hacer que las personas crucen la puerta del negocio y nos compren. Estrategias como promociones atractivas, aceptar diversas formas de pago, tener libre el estacionamiento o tener servicio en el auto, asesorar al cliente mientras está en el local, etc.

Producto de este esfuerzo hacemos que nuestro prospecto entre en el local y nosotros tenemos la oportunidad de atenderlo y platicar con él; también él encuentra algo que necesita y lo compra. En ese momento se convierte en **nuevo cliente**. Un nuevo cliente es la persona que por primera vez compra en nuestra tienda.

Ahora ya tenemos nuestro primer dólar de venta. Nuestra venta es de $1.00 dólar.

En la plática con el cliente, tuvimos oportunidad de mostrarle más productos y de asesorarlo sobre su uso; él nos externó algunas cosas que necesita y nos comprometimos a tener disponible a la venta algunos de los productos que él busca. Además el nuevo cliente nos dio sus datos y nos permitió entregarle promociones y avisos de nuevas existencias una vez por semana.

Después de unos días de espera, nuestro nuevo cliente regresa a surtir el producto que ya nos había comprado anteriormente y además nos compra uno de los nuevos productos. Ese día nuestro nuevo clientes se convierte en **cliente recurrente**. Un cliente recurrente es un cliente que por repetida vez va al negocio; normalmente a surtir de nuevo lo que en un inicio compra.

Ahora hemos tenido una venta de $2.00 dólares. Es decir ¡duplicamos la venta!

Pero ¿sabes qué? El cliente quedó tan satisfecho con el servicio que le hemos dado y con nuestra gama de productos que ya no tarda tanto tiempo en venir; ahora nos visita 2 veces al mes en vez de una. Es decir; nuestra venta ya no es de $2.00 dólares por mes; ahora se ha cuadriplicado y tenemos una venta de $4.00 dólares por mes.

¿Qué fue lo que pasó? Utilizamos estrategias específicas que nos permitieron acompañar al cliente desde que era un prospecto; hasta convertirlo en cliente recurrente.

Empezamos vendiendo $0.00 dólares, para luego vender $1.00; después $2.00 y al final terminamos vendiendo $4.00 dólares por mes.

¡Pusimos a trabajar los 4 factores que hacen que las ventas se multipliquen!

¿Cuáles son estos factores?

1. Creación de prospectos
2. Elevar la tasa de conversión
3. Aumentar el ticket promedio
4. Aumentar el número de visitas por cliente

FACTOR 1. Creación de Prospectos

Un prospecto es toda aquella persona que cumple con el perfil de cliente de nuestra empresa y que ya sabe que nuestro negocio existe.

Es decir conoce algo de los productos o servicios que ofrecemos. Aún no conoce la amplia gama de productos que ofrecemos; pero ubica nuestro giro. Sabe si somos un restaurante de comida mexicana, o de mariscos, o que vendemos un muy buen café etc.

Un prospecto conoce algo, pero no todo, de nuestro negocio.

Entonces, para poder crear prospectos, lo que haremos es crear estrategias para llamar la atención de los posibles clientes y mostrarles nuestro negocio y la gama de servicios que les podemos ofrecer.

Si somos un negocio tradicional, con un lugar físico fijo en donde ofrecemos nuestros servicios, la ubicación del local juega un papel importantísimo en la creación de prospectos, la mayoría de los clientes sabrán de ti porque te ven al pasar, decóralo, ponle letreros, haz que llame la atención de todos los que pasan por la calle en la que estás, puedes utilizar estrategias complementarias para llamar la atención como, volanteo, participar en revistas especializadas, entrega cupones canjeables. Asegúrate de estar presente en mapas virtuales tipo Googlemaps y también en redes sociales. Haz todo lo posible por llamar la atención a tus posibles clientes.

Pide recomendación a tus clientes actuales; ellos pueden ser excelentes creadores de prospectos.

¿Por dónde empezar?

Para determinar las estrategias de creación de prospectos haz una lluvia de ideas; proponte hacer una lista de por lo menos 10 ideas.

No las descartes en esta etapa; solo proponte sacar 10 ideas. Las primeras 4 o 5 fluirán sin problemas las últimas tres quizá cuesten más trabajo pero vale la pena pensar en ellas; muchas veces la número 10 es la indicada.

Aún no las lleves a la práctica; al final de ver los 4 factores haremos un ejercicio con ellas.

FACTOR 2: Elevar la Tasa de Conversión

La tasa de conversión es el porcentaje de personas que realizan una compra en nuestro negocio a raíz de haberlos hecho prospectos.

Es decir el porcentaje de prospectos que se convierten en clientes.

La tasa de conversión se obtiene como resultado de dividir el número de clientes nuevos entre el número de personas prospectadas.

Esta taza de conversión en ocasiones nos es difícil calcularla, pero es importante hacer un esfuerzo, tanto de determinar el número de clientes nuevos por día que llegan a nuestro negocio, como el número de prospectos alcanzados con cada estrategia para prospectar.

Hay negocios en los que por la naturaleza del negocio es muy fácil recabar los datos de los clientes y saber si son clientes nuevos o recurrentes. Ejemplo de estos negocios son los centros de reparación de electrodomésticos o un taller automotriz, en donde hasta uno como cliente pide que se le tomen todos los datos para evitar errores en la entrega de los artículos ya reparados.

Pero hay otros, como boutiques, restaurantes, bares, tiendas de autoservicio en donde es difícil saber quiénes son los clientes nuevos, y a veces resulta incómodo o contra producente preguntarle al cliente, "¿es usted cliente nuevo?" porque corremos el riesgo de que nos diga que es un cliente frecuente y demos la impresión de no haberlo tomado en cuenta anteriormente.

Este tipo de negocios requieren de ser creativos y ofrecer al cliente algo a cambio de su información, puede ser tarjeta de puntos, detalle de bienvenida por ser cliente nuevo, un boleto para una rifa o una promesa de regalo futuro; como cuando piden los restaurantes la fecha de cumpleaños y el correo para mandar una promoción especial.

Y cada vez que capturemos un cliente nuevo, para lo cual te recomiendo tener un sistema punto de venta o software destinado a ello. Le preguntaríamos al nuevo cliente cómo se enteró de nosotros, para ir determinando cuál estrategia de prospección es la que tiene mayor tasa de conversión.

Llevando un registro de las estrategias de prospección que tenemos y de estas respuestas de los clientes; pudiéramos hacer un cálculo de cuál es la tasa de conversión que tiene cada una de nuestras estrategias y también la tasa de conversión global.

Estrategias para aumentar la tasa de conversión irán encaminadas a hacer que una vez que el prospecto se decide ir a nuestro negocio, este realice una compra y se convierta en cliente.

Estrategias como aceptar diversos tipos de pago (tarjeta, transferencias, y en pagos en efectivo tener siempre monedas para dar cambio, etc.), contar con estacionamiento adecuado, tener horario amplio, que el personal esté capacitado para orientar al cliente en sus primera compra son algunos ejemplos.

¿Qué hago ahora?

Lo siguiente será hacer tu propia lluvia de ideas; al igual que con el factor 1, haz una lista con 10 ideas para que tu negocio eleve la tasa de conversión que actualmente tiene.

FACTOR 3. Aumentar el Ticket Promedio

En todo negocio habrá clientes que compren más y clientes que compren menos es por eso que nos enfocaremos en un ticket promedio.

El ticket promedio de compra es el promedio de compra que cada cliente hace cada vez que te visita. Te recomiendo describirlo en dinero; no en número de piezas; el dinero es una medida más universal.

Para calcular el ticket promedio de compra selecciona un período de tiempo y divide el total de la venta de ese período entre el número de tickets que comprendan las ventas realizadas en el mismo período.

Para aumentar el ticket promedio existen estrategias como tener a la mano productos que el cliente puede comprar fácilmente, como los chicles y dulces que están en la tienda de conveniencia; ofrecer promociones especiales del día; ofrecer un producto más grande a cambio de un precio especial o hacer combos de varios productos similares.

Otra estrategia es ofrecer servicios complementarios a la compra realizada, un ejemplo de esta estrategia es ofrecer la garantía extendida en los productos eléctricos; que solo se puede comprar cuando adquieres el producto y te ofrece un tipo "seguro" para tu equipo.

Otro ejemplo de ofrecer productos complementarios consiste en brindar al cliente productos que le ayuden a un mejor desempeño del artículo que compró; como el protector de tapicería tipo teflón que puede adquirir cuando compra una sala.

Y como estas hay muchas estrategias que puedes usar para aumentar el ticket promedio.

¿Qué hago ahora?

De nuevo, te recomiendo hacer una lista de 10 ideas para lograr que el cliente consuma más cada vez que realiza una compra.

FACTOR 4: Aumentar el número de visitas por cliente.

Para hacer que nuestro cliente nos visite más veces en un período y que cada una de estas visitas realice compras es importante, además de tener productos de calidad y ofrecer un trato amable y cordial a todos los clientes, contar con estrategias como:

Tarjetas de clientes frecuentes, seguimiento a citas o visitas como en los talleres automotrices que te recuerden cuando es tiempo de hacer el siguiente servicio; sistema de acumulación de puntos que se canjean por regalos o descuentos.

Tener a la vista el menú completo de productos o servicios para que el cliente conozca qué otro producto puede comprar con nosotros, es también una forma de aumentar el número de veces que nos visita.

Hacer sencillo y agradable el proceso de compra también es una excelente estrategia que motiva al cliente a repetir la compra. Recuerda que nuestro cerebro está diseñado para hacernos repetir lo que nos produce experiencias placenteras.

¿Qué hago ahora?

De este cuarto factor; también harás una lluvia de 10 ideas que podrán hacer que tu cliente visite tu negocio más veces de lo que hasta hoy lo ha hecho.

***

Es tiempo de revisar las 4 listas que hiciste. No te preocupes si alguna estrategia aparece en más de una lista. De hecho es normal y es esperado que alguna estrategia se repita en 2 o más factores.

Ya que tengas tus 4 listas subraya las ideas que se repiten; estas serán las estrategias de mayor impacto en tu negocio. Después marca las estrategias que por su factibilidad sea más fácil realizar; ya sea que sea sencilla su ejecución o no implique inversión económica significativa.

El objetivo es seleccionar solamente 3 estrategias; las de mayor impacto y mayor factibilidad para su ejecución, y trabajar con ellas por un período de tres meses.

Terminado este lapso de tiempo, se evaluará el impacto de estas estrategias en el aumento de las ventas y decidirás cuáles estrategias no conviene continuar y cuáles son recomendables para que se queden de forma permanente. Las que decidas dejar deberán incorporase a tus procesos de venta para luego seleccionar otras tres estrategias y ejecutarlas.

Sé que saldrán ideas muy buenas de las listas que hagas. Y quizá te interese aplicar de inmediato más de 3 estrategias al mismo tiempo. Lo que te recomiendo es centrarte en solo 3 y el resto dejarlas para el próximo período. Si seleccionas más de tres ideas corres el riesgo de perder el enfoque y no ejecutar ninguna de las tres de forma adecuada.

Capítulo 7

Clave 7. Tú

Invierte en ti y nunca dejes de crecer

> *"Donde hay una empresa de éxito, alguien tomó alguna vez una decisión valiente".*
> *-Peter Drucker.*

Los negocios están formados por personas; son los individuos los que fundan las empresas y luego toman las decisiones que las hacen caer o crecer.

En una pequeña empresa; el emprendedor como líder del negocio, es la persona que tiene el mayor impacto en la organización. En el descansa la responsabilidad y el crecimiento de la empresa.

Es por esto, que en este capítulo quisiera concentrar algunos consejos adicionales que sé que te ayudarán a mantener un nivel de crecimiento constante para que puedas convertirte en el principal impulsor de tu negocio.

Invertir en ti mismo y crecer son dos opciones que te acompañarán durante toda tu lucha por hacer que tu negocio crezca y se fortalezca.

Más sin embargo, siempre será tu decisión decidir si las tomas o no. Si permites o no que éstas opciones impacten positivamente tu vida y tu emprendimiento.

> **Invertir en ti mismo se refiere a tomar decisiones que impliquen una recompensa mayor en el futuro para ti y los tuyos; es saber destinar recursos que contribuyan a un mayor beneficio personal a través del tiempo.**

Crecer lo trataremos desde el punto de vista personal; pues en un sentido holístico considero que un crecimiento personal reflejará en todo momento un crecimiento positivo en el área profesional.

***

Consejos que te ayudarán a mantenerte en constante crecimiento

Toma en cuenta el ciclo natural Ser-Hacer-Tener

La primera vez que me topé con este concepto me permitió ver las cosas desde otra perspectiva y desde entonces me ha ayudado a trabajar en las raíces que favorecen a la obtención de un resultado.

Esta triada de conceptos consiste en estar conscientes de que el orden natural en el que suceden las cosas es precisamente este: Primero se trabaja en **Ser**, después en el **Hacer**, y al final, el resultado será el **Tener**.

Es decir, **Tener** siempre es un resultado.

Contrariamente, lo que con normalidad vemos en el mundo es que las personas esperan o exigen el **Tener** (el resultado) antes de trabajar en el **Hacer** (los medios) y en el **Ser** (la fuente).

¿Cómo funciona?

Esta guía de orden natural consiste en trazarnos un **Tener** como objetivo para luego concentrarnos en el **Ser** y en el **Hacer**.

Por ejemplo: Si lo que quisieras es **Tener** un equipo de trabajo unido, responsable y comprometido; primero trabajarás en **Ser** un líder para inmediatamente después **Hacer** lo que los grandes líderes hacen. No esperarás un equipo de trabajo comprometido si no has trabajado en ser el líder que forme este tipo de equipos.

Si quisieras **tener** una familia unida, en la que el amor, apoyo y respeto entre los miembros sea su principal característica; primero deberás trabajar en **Ser** la mamá o papá que forma ese tipo de familias y **Hacer** todas las prácticas necesarias para fomentar en la familia los valores de amor, apoyo y respeto mutuo.

Si quisieras **tener** un cuerpo sano y en forma; primero deberás trabajar en **Ser** una persona sana que disfruta de realizar prácticas de cuidado de la salud, para luego **Hacer** todas las acciones necesarias para mantener tu cuerpo sano y en forma.

La misma secuencia sucede cuando como resultado quisieras tener finanzas sanas, ahorro, negocio en crecimiento, etc.

De esta forma todo funciona en base a deseos y planes y te conviertes en el principal arquitecto de tu propia vida.

Creo en la Ley de la Intención más que en la Ley de la Atracción. Una Intención (tener) va a ir enfocando tu mente (ser) y tus acciones (hacer) hasta que consigas el resultado deseado.

> *"Lo que obtienes al lograr tus objetivos*
> *no es tan importante como*
> *en lo que te conviertes al lograr tus objetivos.*
> *-Zig Ziglar.*

Sé tenaz y paciente

Cuando mi primer mentor me comentó

"Emprender no es una carrera de velocidad, sino de resistencia"; metafóricamente hablando estaba yo en los primeros 30 metros de un maratón completo. Sin embargo en ese momento yo no lo veía así. Mis primeros 30 metros me habían costado arrancar y sostenerme por unos pasos y estaba esperando ver resultados; ansiaba ver la meta.

Como en una carrera, al ver hacia atrás veía un poco más lejano el punto de salida; me entusiasmaba ver mi avance; pero no estaba consciente del camino tan largo que quedaba aún por recorrer.

Uno de las virtudes que mi mentor me pedía cultivar era la paciencia; paciencia para tener una rentabilidad estable, para formar un equipo de trabajo, para formar una base de clientes leales, para hacer que los sistemas funcionen. Me hablaba de paciencia no desde el punto de vista de sentarme a ver como el tiempo se encarga de hacer madurar el negocio; sino **paciencia para continuar trabajando a paso constante confiando que los resultados se están formando aunque aún no sean visibles.**

> *"Si miras realmente de cerca,*
> *verás que la mayoría de*
> *éxitos de la noche a la mañana,*
> *tomaron bastante tiempo"*
> *Steve Jobs*

Cultiva hábitos positivos

Tomar decisiones cada minuto sería de lo más desgastante y cansado que pudiera existir; nuestra mente lo sabe y por ello creó los hábitos. Los hábitos son acciones que hacemos sin pensar y que nos ahorran tiempo en la toma de decisiones. En cuanto te despiertas tu mente sabe que se tiene que bañar; ya no lo cuestiona, simplemente lo hace. Al comer tus alimentos empiezas comiendo las verduras, ya tu mente no se detiene a pensar que es lo primero que debe llevarse a la boca, simplemente tomas las verduras y las comes.

El detalle, es que en ocasiones ejecutamos los hábitos de forma tan inconsciente, que no nos detenemos a pensar si ese hábito nos acerca o a aleja de nuestras metas.

Todo hábito tiene el poder de ayudarte a alcanzar tus objetivos o de hacerte caminar a lado contrario. No subestimes el poder de las pequeñas acciones o pensamientos diarios, basta ver una hormiguita cargando una minúscula arena, para luego voltear a ver el hormiguero y maravillarnos del poder de las pequeñas acciones diarias.

Proponte en trabajar para cultivar buenos hábitos

> *"Tus creencias se convierten en tus pensamientos,*
> *tus pensamientos se convierten en tus palabras,*
> *tus palabras se convierten en tus actos,*
> *tus actos se convierten en tus hábitos,*
> *tus hábitos se convierten en tus valores,*
> *tus valores se convierten en tu destino."*
> -Mahatma Gandhi

Mantente actualizado

Para ser un buen emprendedor se requiere de dos cosas: práctica y conocimiento teórico trabajando unidos.

Aprender a ser emprendedor es como aprender a tocar el piano, aprender a ser mariscal de campo o cualquier otra disciplina.

No esperas aprender una sinfonía de Mozart en la primer lección; ni ganar un Super Bowl después del primer entrenamiento.

Tampoco esperas ser un gran pianista sin aprender sobre ubicación de las notas en el piano; postura de manos, pentagramas y todas la teoría que hay detrás de una pieza musical.

Y sabemos que un mariscal de campo no solo se forma en el campo de entrenamiento; hay mucho trabajo de salón importante que le ayudan a mejorar su rendimiento.

Es decir, para ser bueno en cualquier disciplina se requiere de la combinación de conocimientos prácticos y teóricos.

Lo mismo aplica en el emprendimiento, si te interesa ser un buen emprendedor será importante que te mantengas actualizado en tendencias, teorías, tecnología de apoyo, finanzas.

Para ser un emprendedor con buenos resultados, no basta con el instinto, es necesario enfocar nuestros esfuerzos y para eso debemos apoyarnos en conocimientos y teorías existentes.

Conocer sobre bibliografía de personalidades que admires, tendencias en el giro en el que te encuentras, investigaciones de mercado que realizan otras personas, aprende a observar, escuchar, analizar, formar criterio y lee cuantos libros de autores confiables te encuentres. Ten por seguro que abrirán tu mente y te enriquecerán en muchos sentidos

La creatividad es simplemente conectar cosas.
- Steve Jobs

Esmérate en gestionar eficientemente el tiempo

La vida en una cosa si es muy justa: A cada uno de nosotros nos entregó las mismas 24 horas cada día; sin embargo hay personas que gestionan el tiempo tan bien que son capaces de avanzar hacia sus metas a pasos agigantados; mientras en otras muy apenas se nota su avance.

A veces suelo preguntarme:

¿De qué forma utilizaban su tiempo personas como Steve Jobs, Jeff Bezos, Oprah Winfrey en sus inicios y durante el crecimiento de su empresa? ¿Qué pudiera imitar de ellos?

Administración del tiempo es un tema al que le he dedicado horas de estudio y práctica, lo considero un tema pilar para la obtención de resultados. Sin embargo este espacio es corto para profundizar en el tema.

Como consejos básicos te comento:

- Define tus objetivos por período y desglósalo en actividades.
- Date tiempo de organizar tu día y lleva una agenda (electrónica o impresa).
- Lleva un control de resultados al final del día.
- Aprende a delegar.
- Incluye en tu planeación diaria o semanal actividades que le den balance a tu vida. Dispón de tiempo para el descanso, le recreación, reflexión, la salud, espiritualidad y las relaciones afectivas.
- Simplifica.
- Evita interrupciones y distractores como redes sociales en los momentos de trabajo o alta concentración.
- Disfruta tu día y crea momentos especiales.

¿Amas la vida?
Pues si amas la vida no malgastes el tiempo,
porque el tiempo es el bien
del que está hecha la vida
-Benjamin Franklin

Cultiva las buenas relaciones

Estudios recientes revelan que las personas más longevas y sanas son quienes tienen relaciones sanas y fuertes con un círculo cercano de personas.

Por eso te recomiendo cultivar no solo relaciones laborales sanas; sino también las relaciones personales que en determinado momento te "sostienen" y generan felicidad en tu vida.

Cultiva una sana relación contigo mismo, con tu familia y tus seres más amados, con el Ser Divino en quien creas y con las personas con quienes laboras. Mantente atento a las emociones que se generan cuando convives con las personas; las emociones son un eficiente "semáforo" que te ayudará a determinar si una relación requiere atención especial, cambiar o debes soltar.

Cultivar relaciones es y será un tema para libros completos. Te recomiendo, para crecer en este tema, apoyarte en el libro:" Cómo ganar amigos e influir en las personas" del autor Dale Carnegie. Es un libro altamente recomendado.

La única forma de salir ganando de una discusión es evitándola.

Dale Carnegie

Emprender no es el destino, es un camino. Ser emprendedor es una forma de ser y de pensar que te lleva a creer, crear y hacer crecer un proyecto.
Te lleva a contagiar a otros de tu entusiasmo y a confiar y sacar fuerzas en los obstáculos

Las 7 claves que aquí te presento son los pilares de cualquier emprendimiento, que te abrirán puertas para que emprendas a lo grande sabiendo que la riqueza más importante que obtendrás de tu recorrido, la encontrarás dentro de ti.

Agradecimiento

Con este libro agradezco y honro a quienes me han ayudado en este camino de ser emprendedora y a quienes me apoyaron para que esta obra pudiera ser hoy una realidad.

Agradezco a Dios por la vida y por cuantas personas bellas me ha puesto en el camino.

A mis padres por su amor y educación; a mis hermanos y sobrinos por su cariño y su aliento.

Agradezco especialmente a mi esposo y mis tres hijos porque convivir con ellos y sabernos juntos es la mayor de las bendiciones que me ha dado la vida y mi mayor motor para seguir generando valor. Gracias Juan Manuel por tu amor y tu aliento; gracias Valeria por la portada y tu entusiasmo; gracias Juan Manuel por el "no te rajes madre" y gracias Sofía por cada "te quiero mucho".

Gracias a mi familia política que me ha cobijado y dado tanto cariño. Gracias por ser ejemplo de valores, de emprendimiento y de generosidad.

Gracias a Braulio que me apoyó y orientó cuando más lo necesitaba, gracias también a todo su equipo que con consejos y trabajo logramos que mi negocio sobreviviera; fueron fuente de inspiración para que hoy yo pudiera escribir este libro, todos los emprendedores deberían tener ángeles como ustedes.

Gracias a mis amigas que tanto me apoyaron en la crianza de mis hijos durante mis primeros años como emprendedora. Gracias Gloria y Ana Cristina.

Gracias a todo el equipo de La Puntada, a quienes estuvieron y ya no están por tanto aprendizaje; a quienes continúan y con quienes comparto tantas vivencias, gracias por su entrega y su ejemplo; juntas han formado un motor importante en mi vida.

Gracias a mis amigas emprendedoras Mujeres Emprendedoras Inc. por su ejemplo y sororidad.

Gracias al ITESM y su equipo de profesores y colaboradores que me ha brindado tantas enseñanzas y oportunidades para crecer y servir.

Gracias a Analía; que con tu entusiasmo y consejo lograste que terminara de escribir esta obra que entrego hoy con el tanto amor.

Acerca del autor

Patricia es una emprendedora con más de 24 años de experiencia.

Para ella, haber emprendido es una de las mejores decisiones que ha tomado en su vida, pues le han permitido aprender sobre teorías que llevadas a la práctica le han dejado innumerables aprendizajes y un desarrollo personal que espera plasmar en esta obra.

Actualmente es fundadora y directora de La Puntada, empresa franquiciada dedicada al cuidado de ropa.

Su auténtico gusto por compartir le ha permitido ejercer como profesor de cátedra del ITESM en las áreas de incubación de empresas y programas de emprendimiento

Es además conferencista en temas de emprendimiento y finanzas personales y fundadora del podcast La Ciencia de Emprender.

www.ingramcontent.com/pod-product-compliance
Lightning Source LLC
Chambersburg PA
CBHW070637220526
45466CB00001B/200